¿Son ricos porque son inteligentes?

TAMBIÉN DE JACK BARNES

LIBROS Y FOLLETOS
El viraje a la industria: Forjando un partido proletario (2020)
El historial antiobrero de los Clinton (2016)
Malcolm X, la liberación de los negros y el camino al poder obrero (2009)
Cuba y la revolución norteamericana que viene (2007)
Su Trotsky y el nuestro (2002)
Malcolm X habla a la juventud (2002)
La clase trabajadora y la transformación de la educación (2000)
El desorden mundial del capitalismo (2000)

DE LAS PÁGINAS DE 'NUEVA INTERNACIONAL'
Ha comenzado el invierno largo y caliente del capitalismo (2005)
Nuestra política empieza con el mundo (2005)
El imperialismo norteamericano ha perdido la Guerra Fría (1999)
Los cañonazos iniciales de la tercera guerra mundial (1991)
La política de la economía: Che Guevara y la continuidad marxista (1991)
The Fight for a Workers and Farmers Government in the US (1985)

COLECCIONES E INTRODUCCIONES
Ya superamos el punto más bajo de la resistencia del pueblo trabajador (2023)
Los tribunos del pueblo y los sindicatos (2019)
Rebelión Teamster/Dobbs (2004)
La historia del trotskismo americano/Cannon (2002)
The Eastern Airlines Strike/E. Mailhot (1991)
FBI on Trial (1988)

¿Son ricos porque son inteligentes?

CLASE, PRIVILEGIO
Y APRENDIZAJE
EN EL CAPITALISMO

JACK BARNES

PATHFINDER
NUEVA YORK LONDRES MONTREAL SYDNEY

EDITADO POR: Steve Clark

Texto en español a cargo de Martín Koppel

Copyright © 2016 por Pathfinder Press
Todos los derechos reservados conforme a la ley
All rights reserved

ISBN 978-1-60488-088-5
Número de Control de la Biblioteca del Congreso
(Library of Congress Control Number) 2016945754

Impreso y hecho en Estados Unidos de América
Manufactured in the United States of America

Primera edición, 2016
Cuarta impresión, 2025

DISEÑO DE LA PORTADA: Toni Gorton

IMAGEN DE LA PORTADA: *The Crowd* [La multitud]/Crazy Fish Artworks

PATHFINDER
pathfinderpress.com
Email: pathfinder@pathfinderpress.com

TABLA DE MATERIAS

Sobre el autor   7

Introducción   9

¿Son ricos porque son inteligentes?
La justificación del privilegio de clase   23

La creciente estratificación de clases
y la 'meritocracia ilustrada'   49

El capitalismo, la clase trabajadora
y la transformación del aprendizaje   97

Índice   116

SOBRE EL AUTOR

JACK BARNES es secretario nacional del Partido Socialista de los Trabajadores. Ha sido miembro del Comité Nacional del partido desde 1963 y su secretario nacional desde 1972. Es editor contribuyente de la revista *Nueva Internacional*.

Barnes se unió a la Alianza de la Juventud Socialista en diciembre de 1960, unos meses después de un viaje a Cuba en julio y agosto de ese año. A su regreso, ayudó a organizar en Carleton College, Minnesota, uno de los capítulos más grandes y activos del Comité pro Trato Justo a Cuba. En mayo de 1961 se unió al Partido Socialista de los Trabajadores.

Barnes fue dirigente central de la exitosa campaña de cuatro años para defender a tres miembros de la Alianza de la Juventud Socialista en Bloomington, Indiana, acusados en mayo de 1963 de "congregarse" para abogar por el derrocamiento del Estado de Indiana por la fuerza y la violencia. En esta época fue organizador de la rama del PST en Chicago y organizador de la AJS en el Medio Oeste. En 1965 Barnes fue elegido presidente nacional de la AJS y pasó a ser director del trabajo del PST y la AJS para impulsar el creciente movimiento contra la guerra de Vietnam. En enero de ese año se reunió dos veces con Malcolm X para una entrevista que se publicó en la revista *Young Socialist*.

Desde mediados de los años 70, Jack Barnes ha dirigido la labor del Partido Socialista del Trabajadores, y ha colaborado con otros a nivel mundial, para construir partidos comunistas cuya gran mayoría de miembros y dirigentes son obreros industriales y sindicalistas que participan activamente en el amplio trabajo político que avanza por el camino hacia el poder obrero, poniendo fin así de la dictadura del capital.

Esta trayectoria política de forjar partidos que sean proletarios en su programa y su composición está documentada en numerosos artículos y colecciones de discursos y escritos de Barnes, algunos de los cuales se mencionan al principio de este libro.

Introducción

"La lucha por el poder obrero, y la transformación de las relaciones de propiedad que es necesaria para iniciar la transición al socialismo, son posibles solo cuando el pueblo trabajador comienza a transformarse y a transformar nuestras actitudes hacia la vida, hacia el trabajo y entre nosotros mismos. Solo entonces sabremos qué somos capaces de ser".

JACK BARNES

CUANDO AL PRESIDENTE Barack Obama le preguntaron, durante una entrevista radial en diciembre de 2015, sobre las decenas de miles de trabajadores que acudían a los mítines electorales del candidato presidencial Donald Trump, él lo atribuyó al hecho de que los "hombres de cuello azul [trabajadores] han tenido muchas dificultades en esta nueva economía, en la que ya no obtienen el mismo buen negocio que antes cuando iban a la fábrica y podían mantener a la familia con un salario único".

"Se combinan esas cosas —agregó Obama— y el resultado es que puede haber rabia, frustración y miedo, lo cual en parte está justificado pero mal dirigido".

Solo en un pasado imaginario han recibido jamás los obreros de fábrica en Estados Unidos un "buen negocio".

Los trabajadores resistieron —y nunca dejarán de resistir— el trato abusivo en el trabajo. Se unieron más y más ampliamente para organizar sindicatos, libraron huelgas contra los patrones y el gobierno, y ganaron lo que su fuerza les permitió obtener sin organizarse a nivel político, independientemente de los partidos de los patrones.

No obstante, lo más notable del lenguaje de Obama no es el tono condescendiente hacia los "hombres de cuello azul". Es el *miedo* que existe a los niveles más altos del gobierno (y entre las capas "profesionales" bien remuneradas) sobre lo que se está gestando entre el pueblo trabajador en las ciudades, los pueblos y el campo. Es el miedo que está estremeciendo ambos partidos de las familias dominantes capitalistas.

"No se ha culpado suficientemente a los más responsables del ascenso [de Donald Trump]: sus electores", escribe Charles Lane, columnista liberal del diario *Washington Post*. Estos trabajadores, dice, quieren "volar el sistema en pedazos y mandarlo al diablo".

Desde un baluarte del ala conservadora de esta alianza antiobrera, el columnista Kevin Williamson de la revista *National Review* suelta su descarga, denunciando más explícita y crudamente la "disfunción de la clase obrera blanca". Estas "comunidades de bajo nivel... merecen morir", dice Williamson. "Económicamente son valores negativos. Moralmente son indefendibles... La clase baja blanca americana es esclava de una cultura despiadada y egoísta cuyos principales productos son la miseria y las jeringuillas de heroína desechadas. Los discursos de Donald Trump los hacen sentirse bien. Y el OxyContin también".

Estamos viviendo la mayor crisis de los partidos capitalistas en la vida de cualquiera que lea estas páginas. En todo caso, es mayor el desorden en el Partido Demócrata que en el Republicano. Los millones que han acudido al llamado de Bernie Sanders, resucitando el fenómeno "Ocupa" con ropajes electorales burgueses, crean un obstáculo inesperado para la unción de Hillary Clinton como candidata demócrata en 2016 y, de ser nominada, para su elección.

Pero lo que está aflorando en las elecciones presidenciales no es inesperado ni tampoco inexplicable. Sus raíces se remontan unas décadas atrás. Si uno quiere comprenderlo, no hay mejor lugar para empezar que este libro.

¿Son ricos porque son inteligentes? Clase, privilegio y aprendizaje en el capitalismo contiene tres artículos de Jack Barnes, secretario nacional del Partido Socialista de los Trabajadores, tomados de conferencias e informes que él dio ante públicos numerosos entre 1995 y 2009. Se han tomado en cuenta e incorporado directamente al texto estadísticas más recientes y sucesos posteriores que esclarecen las contradicciones económicas y sociales que atizan la actual turbulencia política. Esto le evita al lector la distracción de frecuentes notas al pie y texto entre paréntesis. Los artículos originales se pueden encontrar en los libros indicados en las notas bibliográficas.

El creciente desorden del sistema capitalista mundial se ha desarrollado a tropezones a lo largo de los últimos 40 años: desde la recesión global de 1974–75, las oleadas de inflación alimentadas por la guerra de Vietnam y las crisis "energéticas" de esa época. Esos sacudones allanaron el camino para la caída de la bolsa de Wall Street en 1987, que —como animales nerviosos que presienten un inminente terremoto— presagió los efectos acumulativos del declive de las tasas de ganancia de los capitalistas y la contracción de la tasa de inversión en plantas, equipos y empleos que amplían la capacidad productiva.

En un intento de posponer un colapso demoledor, las familias dominantes de Estados Unidos y sus rivales recurrieron a una renovada orgía de endeudamiento, esta vez a nivel mundial y aun más colosal que la bonanza de préstamos de los años 80. Se han esforzado tenazmente en bajar los salarios, ampliar el ejército de reserva de mano de obra desempleada, intensificar el ritmo de producción a expensas de la salud y la vida, y debilitar aún más los sindicatos. Han hecho todo lo posible para fomentar competencia y conflictos entre los trabajadores. Los patrones esperan crear las condiciones necesarias para inducir una nueva ola de acumulación de capital y de expansión sostenida de la producción y del comercio, y de hacerlo antes de enfrentar un creciente desafío de la clase trabajadora y del movimiento obrero a su inhumano sistema de explotación.

Este libro se publica durante el octavo año de lo que Washington registra como una "recuperación económica". Para el pueblo trabajador en Estados Unidos, desde las grandes ciudades hasta las regiones agrícolas, esa "mejoría" ha significado aumentos de alquileres y ejecuciones hipotecarias de casas, la *caída* del ingreso familiar medio y niveles históricamente bajos en el porcentaje de los trabajadores que realmente tienen empleo (no obstante las cifras generales de desempleo ofrecidas por el gobierno).

Las tasas de interés están en su punto más bajo en la historia del mundo imperialista. En Estados Unidos, año tras año las tasas a corto plazo se han acercado a cero, y en algunas partes de Europa y en Japón las tasas de interés han bajado a niveles negativos: un impuesto a la burguesía dictado por el capital financiero con el ilusorio objetivo de facilitar el crecimiento de alguna manera. Para la clase trabajadora y las clases medias bajas, tanto las tasas de cero como las negativas son un impuesto ruinoso para quienes dependen de una pensión o de una cuenta de "ahorros" para subsistir.

En resumen, el capitalismo se encuentra enfrascado en una depresión global a fuego lento.

Además, los gobernantes de Estados Unidos han realizado incesantes guerras y operativos militares desde el comienzo del milenio (sin mencionar la sangrienta Guerra del Golfo de 1991 y el conflicto bélico en la antigua Yugoslavia durante los mandatos de George H.W. Bush y Bill Clinton: la primera guerra en suelo europeo desde la Segunda Guerra Mundial). Solo desde el 11 de septiembre de 2001, las administraciones del republicano George W. Bush y del demócrata Barack Obama han librado guerras o ataques aéreos, bombardeos, asaltos de drones teledirigidos y operativos de Fuerzas Especiales en Iraq, Afganistán, Pakistán, Libia, Yemen, Siria y otros países.

Cientos de miles de trabajadores y campesinos en esos países han resultado muertos o lisiados, víctimas de todas las partes contendientes en conflictos militares desde 2001. Millones han quedado sin techo, hambrientos y desposeídos. Casi 7 mil soldados norteamericanos han muerto y más de 52 mil han sido heridos: desproporcionadamente hombres y mujeres jóvenes de zonas rurales y de barrios obreros urbanos, quienes han sufrido un escandaloso abandono al regresar a casa.

Todo lo arriba mencionado figura entre las razones por las que tanta gente trabajadora sale a escuchar y a votar por Donald Trump. Y explica además muchos elementos de por qué otros trabajadores, aunque en menor número, están escuchando también a Bernie Sanders.

Al contrario de lo que propagan insistentemente los medios corporativos, esta crisis en los partidos capitalistas no tiene nada que ver con un inexistente auge de racismo en una inexistente "clase trabajadora blanca". En Estados Unidos hay *una clase trabajadora*. Entre otras cosas, estos trabajadores son negros, latinos, asiáticos, africanos y (por ahora y en las décadas venideras) una mayoría es caucásica. Además, un número cada vez mayor son de raza mixta. El racismo y los actos racistas han sido *echados atrás* gracias a las conquistas de la lucha por los derechos de los negros —una lucha de masas con base proletaria— incluso entre el creciente número de trabajadores y trabajadoras de diversos colores de piel, lenguas maternas y naciones de origen que trabajan juntos, día tras día y hombro a hombro, en las fábricas y otros centros de trabajo.

"Yo nunca he votado y no estoy aquí representando el Partido Republicano. Francamente, me importan un bledo los republicanos", dijo el ex entrenador de básquetbol Bobby Knight ante una clamorosa ovación, cuando presentó a Trump a unas 12 mil personas que asistían a un mitin electoral el 28 de abril en Evansville, Indiana. "También los demócratas me importan un bledo".

Al menos en cuanto a este doble "me importa un bledo", Knight se hacía eco del sentir de crecientes millones en la clase trabajadora y las clases medias más golpeadas por todo Estados Unidos.

◆

¿Son ricos porque son inteligentes? pone de relieve las crecientes desigualdades de clase en Estados Unidos, y especialmente la expansión relativamente reciente y acelerada

de una capa de profesionales bien remunerados y de clase media alta en la sociedad capitalista norteamericana.

Este "autonombrada 'meritocracia ilustrada'" —de millones, si no decenas de millones, dice el autor— está compuesta en su abrumadora mayoría de los que siguen "carreras en las universidades, los medios, 'tanques pensantes', [así como] supervisores, empleados o abogados muy bien remunerados [de] fundaciones, 'grupos de apoyo' (*advocacy groups*), ONGs, organizaciones caritativas y otras instituciones 'sin fines de lucro'".

Están empeñados en "embaucar al mundo con el mito de que el progreso económico y social de sus miembros es la recompensa justa por su inteligencia, educación y 'servicio' individual. Sus miembros realmente creen que su 'brillantez', su 'presteza', sus 'aportes a la vida pública'… les dan el derecho de tomar decisiones, de administrar y 'regular' la sociedad para la burguesía: en nombre de lo que alegan ser los intereses 'del pueblo'", de un "nosotros" ficticio y sin clases.

Precisamente durante la semana cuando se preparaba este libro para ir a la imprenta, dos artículos —uno en el diario liberal *Washington Post*, otro en el conservador *Wall Street Journal*— captaron perfectamente las actitudes de clase, tanto abiertas como tácitas, de muchos de los que integran esta capa meritocrática.

"Nunca han habido tantas personas con tan pocos conocimientos que han tomado tantas decisiones trascendentales para el resto de nosotros", escribió David Harsanyi en una columna del *Washington Post* del 20 de mayo con el encabezado, "Debemos depurar del electorado a los americanos ignorantes".

Dos días después, en el *Journal*, Andy Kessler escribió:

"No obstante las películas de Hollywood, el capitalismo no tiene que ver con codicia. Es un sistema que separa las ideas estúpidas de las inteligentes". Habría sido impolítico que Kessler dijera abiertamente que es un sistema que "separa a las *personas* estúpidas de las *personas* inteligentes", pero tanto las personas "estúpidas" como las "inteligentes" saben leer.

Como señala Barnes, esta capa social ocupa un papel especial en la supervisión de uno de los cambios que marca la evolución del estado imperialista norteamericano desde las últimas décadas del siglo XX: la centralización de los poderes —que la Constitución de Estados Unidos inicialmente reservaba para la rama legislativa del gobierno (la Cámara de Representantes y el Senado, así como su equivalente a nivel de los estados)— en una rama ejecutiva cada vez más dominante (la Casa Blanca y sus agencias "reguladoras" y sus "administradores", que se van multiplicando).

No hay manera que la clase trabajadora pueda tomar el poder a través del voto o de las leyes, o que por esas vías realice la expropiación revolucionaria de las familias propietarias gobernantes y la transición al socialismo. Pero la creciente concentración de poderes en manos de la presidencia —incluido el poder *de facto* de declarar la guerra, y de evitar la promulgación de leyes y el debate emitiendo decretos ejecutivos— es un peligro (en última instancia una amenaza bonapartista) para los intereses de los trabajadores, los pequeños agricultores y el movimiento obrero.

Hoy incluso existe en la Casa Blanca una Oficina de Información y Asuntos Reguladores, creada por una Orden Ejecutiva en 1993 durante la administración Clinton. El director de la agencia durante el primer mandato de Obama, Cass Sunstein, acuñó un término para expresar esta aspiración de los meritócratas de clase media que pretenden administrar y regular la vida del populacho, en el cual no se puede confiar para saber lo que beneficia nuestros propios intereses. Bautizó este término con un libro titulado *Un pequeño empujón (nudge): El impulso que necesitas para tomar las mejores decisiones en salud, dinero y felicidad* (o sea, hacer que hagamos lo que ellos consideran "lo mejor para nosotros", sin que tengamos voz en el asunto, y sin que sepamos que ellos están tratando de manipularnos).

Por supuesto, la expansión del estado imperialista va mucho más allá y es más invasivo en la vida del pueblo trabajador que un simple "empujón". Según las propias cifras de Washington, actualmente existen unos 510 departamentos y agencias federales; ninguno de ellos es electo, y su toma de decisiones nunca se ve por CSPAN o en ninguna parte.

Es más, con el pretexto de "la seguridad nacional" y "la lucha contra el terrorismo" (ahora con la enorme ayuda de las tecnologías de los "medios sociales"), los tentáculos de la vigilancia policiaca a nivel federal, estatal y local han penetrado más y más en todos los aspectos de nuestras vidas y han erosionado derechos arduamente conquistados que nos protegen *contra* el estado. Este masivo espionaje se ha convertido en un emblema —un emblema *detestado*— del imperialismo norteamericano en todas partes del mundo.

◆

Aún no hay en Estados Unidos un movimiento social obrero en ascenso como respuesta a los asaltos contra nuestros salarios, condiciones de vida y derechos políticos. Pero en los últimos años sí se han dado huelgas y resistencia contra cierres patronales por parte de miembros de los sindicatos del acero (United Steelworkers), de telecomunicaciones (Communications Workers of America), de los camioneros (Teamsters), organizaciones de trabajadores agrícolas y otros sindicatos. Trabajadores de comida rápida y otros trabajadores mal remunerados están reclamando un salario mínimo de 15 dólares la hora.

Decenas de miles de personas han salido a las calles para condenar asesinatos y brutalidad por la policía y para exigir el arresto y enjuiciamiento de los policías responsables. Trabajadores y sus familias están alzando la voz contra el masivo sistema penal en Estados Unidos, con sus sentencias draconianas, reclusión solitaria brutalizadora y barbaridades oficiales. Trabajadores inmigrantes y sus partidarios han organizado denuncias contra las deportaciones, los despidos mediante el sistema E-Verify y otras indignidades. Los crecientes ataques al derecho de la mujer de elegir el aborto continúan provocando protestas.

Ante todo, se constata una creciente confianza y receptividad entre los trabajadores en todas partes en Estados Unidos para debatir las cuestiones sociales y políticas más amplias, incluida la importancia para la clase trabajadora de organizar a los no sindicalizados y de reconstruir nuestros sindicatos como instrumentos de solidaridad y lucha.

Estas oportunidades políticas no son una impresión desde fuera de la clase trabajadora. Son la conclusión práctica de media década de trabajo por parte de los miembros y partidarios del Partido Socialista de los Trabajadores que van de puerta en puerta en barrios obreros de todo tipo a través del país, conversando e intercambiando experiencias y opiniones con otros trabajadores.

Lo esencial de estos intercambios —sea en un pórtico, a la puerta de un apartamento, en un piquete de huelga o una protesta social o en el transcurso cotidiano del trabajo— no es nunca una simple discusión sobre "cuestiones", ni siquiera sobre cuestiones políticas de gran importancia para la clase trabajadora. Es sobre el camino a seguir. Es sobre lo que señala Jack Barnes en el artículo final de este libro: cómo "preparar a la clase trabajadora para la mayor de todas las batallas en los años venideros: la batalla para librarnos de la imagen propia que nos inculcan los gobernantes, y para reconocer que somos capaces de tomar el poder y organizar la sociedad".

Esa es la conclusión decisiva hoy día para los trabajadores en todas partes. Que debemos responder a la necesidad —a medida que adquirimos confianza y experiencia luchando hombro a hombro— de que la clase trabajadora reconozca nuestra humanidad, nuestras capacidades y las tradiciones que nuestra clase ha forjado durante más de un siglo y medio de luchas, incluyendo batallas y victorias revolucionarias. Que necesitamos "ampliar nuestra visión", descubrir "nuestro propio valor", como explicaba siempre Malcolm X.

"El aprendizaje como experiencia de por vida", según lo expresa el autor en estas páginas: ¿qué mejor razón para hacer una revolución socialista? "¿Qué mejor razón para librarnos del estado capitalista y utilizar el estado obrero para empezar a transformar a la humanidad, para empezar a forjar la solidaridad humana? Y tenemos el ejemplo vivo de la Revolución Cubana para demostrar cómo es posible emprender ese camino".

Estas son las cuestiones que están en juego y que se abordan en *¿Son ricos porque son inteligentes? Clase, privilegio y aprendizaje en el capitalismo.*

Steve Clark
30 DE MAYO DE 2016

¿Son ricos
porque son inteligentes?
La justificación
del privilegio de clase

"El escándalo de *La curva de campana* en la opinión pública burguesa se debe a su abierta defensa de la desigualdad y privilegio de clase. Es una justificación de la convergencia bipartidista en torno a la política antiobrera económica y social".

SARA LOBMAN/MILITANTE

"Algunos en la clase dominante han empezado a percibir lo que se avecina, a medida que arremeten más y más contra los trabajadores. Saben lo que pasa cuando crecientes batallas obreras y sociales empiezan a entrelazarse".

Arriba: Protesta sindical frente al capitolio estatal en Charleston, Virginia del Oeste, marzo de 2015, contra condiciones laborales peligrosas, leyes antisindicales, recortes a presupuestos escolares y salarios bajos. En primera fila, huelguistas de refinería de Marathon Oil en Catlettsburg, Kentucky.

Recuadro: Portada del libro *La curva de campana*.

¿Son ricos porque son inteligentes? La justificación del privilegio de clase

DAVID ROSENFELD: Hace un rato hiciste un comentario sobre algunos economistas de la universidad Yale. Me pregunto qué opinas de los profesores de Harvard que escribieron el libro *The Bell Curve* (La curva de campana), que se publicó recientemente. Sobre todo me interesa saber por qué *La curva de campana* ha causado tanta sensación en los medios de difusión. ¿Por qué será que más o menos cada 10 años, según parece, se resucita y se debate y se refuta esta teoría de la superioridad intelectual o racial determinada genéticamente, y luego la teoría regresa bajo otra forma? Y en el caso de *La curva de campana*, ni siquiera asume

---

Este intercambio se sostuvo durante el período de discusión después de una charla que Jack Barnes dio el 31 de diciembre de 1994, en una conferencia socialista educacional en Los Ángeles, California, coauspiciada por el Partido Socialista de los Trabajadores y la Juventud Socialista. Un informe de Barnes, basado en las presentaciones de apertura y clausura en esa conferencia regional, fue debatido y adoptado por los delegados al 38 congreso nacional del PST, celebrado del 8 al 12 de julio de 1995, en Oberlin, Ohio. La charla fue publicada bajo el título "Tan lejos de Dios y tan cerca del condado de Orange: El lastre deflacionario del capital financiero" en la colección *El desorden mundial del capitalismo* (Pathfinder, 2000).

una forma muy diferente de las anteriores. ¿Por qué parece perdurar tanto?[1]

JACK BARNES: Si la memoria no me falla, solo uno de los autores —Richard Herrnstein— era profesor de Harvard; falleció poco después de que saliera el libro en septiembre. Murray, graduado de Harvard, hoy trabaja para uno de los tanques pensantes republicanos en Washington, el American Enterprise Institute.

Yo he leído unas 450 páginas de *La curva de campana*, incluyendo los últimos dos capítulos, los más importantes. No pienso leer más; y sí, queda mucho más.

El debate recurrente al que te refieres es sobre una cuestión política, no científica. No se trata de la curva de campana, ni del concepto estadístico ni del nuevo libro que lleva ese título. De lo que se trata es el intento de defender la riqueza y el privilegio de clase de una capa social meritocrática: "la élite cognitiva", según el eufemismo que le pusieron Murray y Herrnstein.

Yo anticipaba que surgiría una pregunta sobre el libro en la discusión de hoy, así que traje mi ejemplar. Permítanme leer las primeras frases del penúltimo capítulo, titulado "Hacia dónde nos dirigimos".

"En este penúltimo capítulo..." —Herrnstein y Murray podrían haber escrito *second-to-last chapter* (capítulo anterior al último), pero tuvieron que escribir *penultimate chapter* (penúltimo capítulo) para justificar las decenas de miles de dólares que sus padres gastaron para mandarlos

---

1. Richard Herrnstein y Charles Murray, *The Bell Curve: Intelligence and Class Structure in American Life* (La curva de campana: Inteligencia y estructura de clases en la vida americana; Nueva York: The Free Press, 1994).

a Harvard— "En este penúltimo capítulo especulamos sobre el impacto de la estratificación cognitiva en la vida y el gobierno estadounidense. Es arriesgado pronosticar el rumbo de la sociedad, pero ciertas tendencias parecen ser tan fuertes que son motivo de preocupación".

> **"De lo que se trata en *La curva de campana* es el intento de defender la riqueza y el privilegio de clase de una capa social meritocrática: 'la élite cognitiva', según el eufemismo que le pusieron los autores... Tiene que ver con *clase social* más que con raza".**

"Preocupación": un lenguaje interesante para lo que supuestamente es un estudio científico. Después enumeran las tendencias "preocupantes":

"Una élite cognitiva cada vez más aislada.

"Una fusión de la élite cognitiva con la acaudalada.

"Un deterioro en la calidad de vida para la gente que está al fondo de la distribución de la capacidad cognitiva".

Entonces ese es el primer párrafo del penúltimo capítulo. Ahora digámoslo de otra manera:

Somos ricos, mayormente nuevos ricos. Nos hicimos ricos porque somos inteligentes. Se nota que somos inteligentes porque somos ricos. Como somos inteligentes y ricos, nuestros hijos son inteligentes, y también van a ser ricos. Pero hay mucha gente que no se está enriqueciendo, y no parece aceptar el hecho de que eso se debe simplemente a que sus antepasados eran tontos. Los liberales —tanto los ricos como los que no lo son— saben esto y viven de manera acorde, pero les da vergüenza decirlo. Sin embargo, la mayoría de la gente piensa equivocadamente que existe alguna relación entre lo que las personas inteligentes estamos haciendo para enriquecernos y el deterioro de su propia calidad de vida. Estamos quedando más aislados en ese sentido, y estamos un poco nerviosos de que alguien quiera quitarnos los privilegios. Pero queremos disfrutar de ser ricos. No hay por qué sentirse culpable. Somos ricos porque somos inteligentes.

En pocas palabras se trata de eso.

Después el libro concluye con unas propuestas de qué hacer con todos los que nos encontramos "al fondo de la distribución de la capacidad cognitiva": Si podemos "afrontar la realidad acerca de la clase baja", dice el libro, entonces podremos ofrecer "la oportunidad para que todos, y no solo los afortunados, vivan una vida satisfactoria". O sea, puedes aprender a aceptar que eres "tonto" (o a fingir que lo aceptas). Y puedes aprender a que te guste ser pobre (o a fingir que te gusta).

Pero esto es posible, dice el libro, únicamente si el gobierno capitalista y los patrones eliminan todos los resultados de las luchas obreras —que los patrones han tenido que conceder en las últimas décadas— que son un obstáculo para poder "afrontar la realidad acerca de la clase baja". Estos resultados incluyen el salario mínimo, la acción afirmativa, la ampliación de las garantías de la Seguridad Social; los pagos de asistencia social (*welfare*); y más fondos para la enseñanza preescolar, guarderías infantiles y escuelas públicas. ("Para muchas personas, nada de lo que aprendan podrá compensar por el costo de su enseñanza". Es mi frase preferida del libro).

El libro sí es una nueva versión recalentada de ideas desacreditadas, pero no principalmente de ideas científicas o seudocientíficas sobre el cociente intelectual, la genética y temas afines. Sí contiene algo de eso, pero no es ese el punto fundamental. El subtítulo del libro es "Inteligencia y estructura de clases en la vida americana". *De eso* se trata. Ante todo tiene que ver con la cuestión de *clase social,* aún más que con la cuestión de raza. Trata sobre el temor de que la mayoría no podrá ser engañada —ni tampoco reprimida "suavemente"— por tiempo indefinido.

La curva de campana es un refrito —no explícita o conscientemente, sino en la práctica— de criterios planteados en los años 30 por un hombre llamado Bruno Rizzi en un libro titulado *La burocratización del mundo.* James Burnham comenzó a desarrollar opiniones similares en los años 40. Burnham fue una figura destacada en el Partido Americano de los Trabajadores (American Workers Party) a mediados de los 30, y fue miembro de nuestro Comité Nacional después de una fusión entre el AWP y la Liga Comunista, predecesora del Partido Socialista de los Trabajadores. Para fines de la década se convirtió en dirigente de corrientes pequeñoburguesas en el PST que se adaptaron a las presiones patrióticas y rompieron con el comunismo cuando Washington se preparaba para entrar a la Segunda Guerra Mundial. Cuando no pudieron convencer al partido de sus perspectivas y del curso que proponían, se escindieron del PST en 1940.

Burnham llevó su posición a la conclusión lógica, y en 1941 escribió un libro titulado *The Managerial Revolution* (La revolución gerencial). Argumentó que el mundo entero —tanto el capital financiero estadounidense bajo el "Nuevo Trato/Trato Bélico" (*New Deal/War Deal*) del Partido Demócrata, como también el régimen nazi que pretendía rescatar y exaltar el imperialismo alemán, y la casta social dominante en la Unión Soviética (la "meritocracia" del régimen estalinista)— estaba convergiendo hacia relaciones sociales en las cuales las "élites" gerenciales así como burócratas no electos gobernaban y tomaban todas las decisiones con el fin de pacificar y regimentar a las masas. Posteriormente Burnham fue uno de los directores originales y redactores de la revista de William Buckley, *National Review*. Además, otros individuos —partidarios prominentes del Nuevo Trato y demás— han presentado sus propias variantes de "la revolución gerencial".

Todos estos escritores hacen lo mismo. Proyectan su propia profesión privilegiada como si fuera una fuerza capaz de organizar el mundo, y como justificación para tener ingresos mucho mayores que los del pueblo trabajador. Al mismo tiempo, están resentidos con la burguesía y temen una democracia demasiada amplia.

Nuestro movimiento ha tenido décadas de experiencia respondiendo a tales planteamientos. Por ejemplo, el dirigente comunista León Trotsky abordó sus implicaciones políticas en 1939 y 1940, en artículos y cartas recogidos en el libro *En defensa del marxismo*. El libro lo publica Pathfinder. Pueden obtenerlo en la mesa al fondo de la sala.

Según Murray y Herrnstein, el capitalismo logró algo maravilloso a principios del siglo XX. En Estados Unidos, dicen, ocurrió incluso un poco antes. Anteriormente, la riqueza y posición social se había transmitido de una generación a otra, durante siglos, mediante una rígida estructura de clases: las élites aristocráticas. Los miembros de las clases dominantes —desde los reyes y las reinas para abajo— en muchos casos eran poco inteligentes, notorios holgazanes y licenciosos.

Sin embargo, con el capitalismo llegó "la carrera abierta al talento". Cualquier persona, afirman, de cualquier procedencia social, nacionalidad o color de piel, ahora podía ascender a posiciones de poder político y confort material: a partir de sus méritos, inteligencia, trabajo arduo y virtud moral.

Pero hoy día, añaden, ocurre algo más, a medida que avanza el nivel de tecnología y computarización capitalista. La inteligencia y aptitud necesaria para que una sociedad moderna funcione está concentrando inevitablemente la riqueza y el poder, los cuales están terminando más y más en manos de una capa social de clase media: profesionales, tecnócratas, administradores y académicos, gente que casualmente se parece mucho a ellos. Herrnstein y Murray la llaman "la élite cognitiva". (Podrían haber usado frases como "la intelligentsia" —o, en relación a su componente africano-americano, el "décimo más talentoso" [*the talented tenth*]— pero habría sido demasiado descarado). No hay nada que se pueda, o se deba, hacer al respecto. Así son las cosas, y así deben ser, gracias a la tecnología moderna.

"¿Entonces cuál es el problema?" dicen Herrnstein y Murray. "Millones de personas se han beneficiado de esos cambios, incluidos nosotros. ¿Preferiríamos tener menos meritocracia? Si lo planteamos así, entonces no". Pero los autores continúan diciendo:

> Lo primero que nos preocupa acerca del surgimiento de una élite cognitiva es su fusión en una clase que ve a la sociedad americana más y más a través de su propia lente...
> Es probable que fueron al mismo tipo de escuelas, que viven en vecindarios parecidos, que van a

los mismos teatros y restaurantes, que leen las mismas revistas y periódicos, que miran los mismos programas de televisión, hasta que manejan las mismas marcas de auto.

Y las consecuencias sociales y políticas de estas tendencias, dicen Herrnstein y Murray, amenazan con extenderse más allá de los africano-americanos en Estados Unidos hasta lo que denominan una "clase baja blanca emergente". Escriben:

> La yesca para la formación de una comunidad de clase baja es el número elevado de partos de mujeres solteras de baja inteligencia... Anteriormente los blancos no tenían una "clase baja" como tal, porque los blancos que pudieran formar parte de ese grupo estaban demasiado esparcidos en la clase trabajadora...
> Una clase baja necesita una masa crítica, y la América blanca no la ha tenido. Pero si la tasa global de ilegitimidad entre los blancos es del 22 por ciento —probablemente ascienda al 40 por ciento en las comunidades de bajos ingresos— y está creciendo rápidamente, cabe preguntarse: ¿En qué momento se alcanza una masa crítica?

Es por eso que *La curva de campana* ha provocado un poco de escándalo entre la opinión pública burguesa, abarcando toda la gama política pero especialmente entre los liberales. En el fondo, el escándalo no se debe principalmente a lo que el libro dice sobre el tema de raza. Se debe a su abierta justificación de la desigualdad y privilegio de clase que beneficia a una capa creciente de la clase media alta, así como su justificación de la convergencia bipartidista antiobrera en torno a la política económica y social.

Admítanlo, dicen Murray y Herrnstein a los liberales de clase media: ¿no es esto lo que realmente pensamos todos nosotros en esta capa social privilegiada? ¿No es así como realmente actuamos todos? ¿No es por eso que todos vivimos donde vivimos? ¿No es por eso que más y más de nosotros enviamos a nuestros hijos a escuelas privadas? ¿No es por eso que contratamos a policías privados para patrullar nuestras comunidades cerradas las 24 horas del día? No se sientan culpables. Somos ricos porque merecemos ser ricos.

Efectivamente, en el capítulo que he venido describiendo, Murray y Herrnstein dicen directamente que durante "las administraciones de [George H.W.] Bush y [William] Clinton, se comenzaron a borrar las viejas divisiones" entre liberales y conservadores. En *La curva de campana* se refieren a la "élite cognitiva" en contraste con los "no muy inteligentes". El secretario del trabajo Robert Reich, el liberal decorativo de la administración Clinton, habla en su libro *The Work of Nations* [El trabajo de las naciones] de los "analistas simbólicos" en la cima de la escala de ingresos, en contraste con los "servidores en persona" y los "productores rutinarios" que componen la mayoría de la población.

Por eso algunos derechistas en la política burguesa, como Patrick Buchanan, han manifestado su rechazo a *La curva de campana* (y a *El trabajo de naciones*). Murray y Herrnstein y Reich glorifican a las "élites" contra las cuales claman los derechistas. "Creo que América es la tierra de las oportunidades donde, durante muchas generaciones, estudiantes de "A" han estado trabajando para estudiantes de

"B" y "C", dijo Buchanan en respuesta a *La curva de campana*. "En América no es el cociente intelectual lo que decide el destino; más bien es el carácter, el valor, la ambición, la voluntad, la personalidad, todo esto".

Ese es el tipo de demagogia que Buchanan dirige hacia sectores de la clase media, y hacia capas receptivas y desorientadas de la clase trabajadora, que se ven más y más apretados económicamente a causa de las presiones deflacionarias del capitalismo. Pero se acerca más a la realidad y a las reacciones viscerales de millones de personas que *La curva de campana*. Por eso lo que dice Buchanan tiene una mayor resonancia que Charles Murray y Richard Herrnstein.

Crecientes preocupaciones burguesas

Pero el escándalo en torno a *La curva de campana* es solo un pequeño reflejo de las preocupaciones expresadas por algunas voces en la burguesía sobre las consecuencias potencialmente explosivas de lo que está pasando en la economía capitalista mundial, incluidos los efectos de los "éxitos" de los patrones en reducir el personal y recortar costos. Algunos de ellos observan lo que se va acumulando entre las clases trabajadoras en Estados Unidos y otras partes del mundo y comienza a asustarlos. Los comunistas no son los únicos que pueden percibir fenómenos que tarde o temprano se encaminan a la intensificación de la lucha de clases.

Hace un par de semanas, A.M. Rosenthal, ex director del *New York Times*, tituló una de sus columnas regulares: "Magro y muy malo" (Lean and Very Mean). Concluyó con el siguiente párrafo:

> Si lo de "magro y malo" se prolonga demasiado
> y el optimismo norteamericano termina por

extinguirse, los trabajadores podrían algún día llenar nuevamente las calles. No habrá ningún FDR [Franklin D. Roosevelt] que rescate el capitalismo... Las empresas norteamericanas verán cuán mala se puede poner la vida.

A.M. Rosenthal no es lo que solían llamar un "liberal compasivo" (*bleeding-heart liberal*). Es un conservador social, quien durante una década o más ha venido elogiando el capitalismo por ser "magro y malo". Pero esto es el resultado inesperado que ahora él teme. (Dicho sea de paso, Rosenthal sigue usando las iniciales "A.M." porque, cuando empezó a trabajar para el *New York Times* durante la Segunda Guerra Mundial, si uno era judío y tenía un nombre como Abraham, no se le permitía usarlo en los artículos o editoriales y tenía que usar sus iniciales. La familia capitalista propietaria del *Times* es judía, y esa fue una de las formas en que se acomodaron en su nicho dentro de la clase dominante de Estados Unidos, donde el antisemitismo es la regla y no la excepción. Rosenthal tiene motivos para estar un poco más inquieto que otros miembros de la "élite cognitiva aislada".)

Como un mes antes, apareció un comentario en el diario comercial *Financial Times* de Londres. La columna se titula "El inversor global" y el encabezado del 14 de noviembre afirmaba: "O trabajar más duro, o no trabajar". Consideren eso un momento: "O trabajar más duro, o no trabajar". No lo invento.

Esta columna va acompañada de una gráfica con tres líneas que representan índices que los comentaristas (y "economistas") burgueses usan para medir la productividad en Estados Unidos. Una línea lleva el rótulo "Producción manufacturera": aparte de un par de pequeñas bajas, esa línea ha subido desde 1991. La segunda línea indica "Horas trabajadas": también sube. Y hay una tercera línea con el rótulo "Remuneración por hora", que desciende. ¡Nada mejor que una gráfica para confirmar tardíamente lo que todo trabajador ya sabe y ha sentido en sus huesos!

El comentarista comienza señalando que en el trimestre anterior en Estados Unidos, las ganancias habían "aumentado notablemente", las ventas también habían experimentado "una fuerte alza" y "muchos fabricantes dijeron que aún seguían reduciendo su mano de obra". Después agrega: "He aquí la productividad, y no nos engañemos: si esta es la cima del ciclo, que Dios ayude a los trabajadores en la próxima caída". [Desafortunadamente, no ha habido tal ayuda divina para la clase trabajadora en las últimas dos décadas desde 1995, como lo demuestra la gráfica en la página 37.—JB]

Esto es lo que está atrayendo la atención de muchos voceros de la burguesía, entre ellos los "científicos" que escribieron *La curva de campana*. Sí, queremos aumentar las ganancias. Sí, queremos ser ricos. Sí, eso significa que tenemos que mantener bajos los salarios, aumentar las horas de trabajo y acelerar el ritmo de la producción. ¿Pero acaso todo esto no conduce a una reacción de los trabajadores? El artículo del *Financial Times* hasta menciona *La curva de campana*, al comentar que "no hace falta aceptar el planteamiento para aceptar la conclusión: de una manera u otra, la revolución tecnológica es dinamita social". Dejemos de lado la tontería de decir que una "revolución tecnológica" es "dinamita social", y no los efectos de los recortes de costos y la reducción de personal que hacen los patrones, es decir, los efectos de las relaciones sociales del capitalismo. Pero el comentarista del *Financial Times* sí entiende el planteamiento político.

A propósito, Rosenthal le atribuye demasiado al poder de los aristócratas burgueses de Nueva York al afimar que "Franklin D. Roosevelt salvó el capitalismo" durante la depresión de los años 30. Cuando los trabajadores se enfrascan en una lucha, muy pocos, especialmente los que tienen conciencia de clase, prestan atención a lo que dicen los políticos capitalistas, incluido Franklin Roosevelt. Lo que Rosenthal omite de la historia de los años 30 es la burocracia sindical de la AFL y del CIO, el Partido Comunista, el Partido Socialista y otras direcciones socialdemócratas y centristas. Estas son las fuerzas colaboracionistas de clases que, desde el seno de las organizaciones obreras y ante la creciente presión de la campaña belicista social-patriótica, descarrilaron la fuerza social del creciente movimiento sindical industrial, desviándolo hacia una trayectoria de apoyo al sistema bipartidista capitalista.

Los trabajadores conscientes no son los únicos que pueden percibir lo que se va gestando bajo las actuales condiciones deflacionarias. Si lo que vemos ocurrir a nuestro alrededor —disminución de los salarios reales, más horas de trabajo, deterioro de las condiciones de seguridad y salud en el trabajo, más pobreza— es lo que ocurre en el tercer año de *expansión* del ciclo comercial, ¿entonces qué nos depara el próximo "aterrizaje" no tan suave? ¿Y a qué tipo de luchas obreras nos conducirá eso cuando el ciclo se recupere un poco y haya más espacio para resistir?

Política, no ciencia

Estas son las verdaderas cuestiones que debemos tener en cuenta al hablar de *La curva de campana*. Indudablemente hay muchas críticas legítimas que se pueden hacer, y que se han hecho, sobre la genética presentada en el libro, su interpretación o malinterpretación de diversos estudios, sus métodos estadísticos, etcétera. Para dar un ejemplo, los niveles medios del cociente intelectual, tanto en los países industrialmente avanzados como en muchas partes del mundo semicolonial, han subido mucho desde la Segunda Guerra Mundial. Pero si esto es lo que indican las cifras, y así es (hasta Murray y Herrnstein lo dicen), entonces es imposible que sea producto de cambios genéticos; no puede tener nada que ver con la evolución. Es un lapso de tiempo demasiado breve.

Esas cifras reflejan cambios en las relaciones sociales, en el concepto que los seres humanos productivos tenemos de nosotros mismos, en cómo empleamos nuestro tiempo, en lo que hacemos y cómo actuamos. Indican el crecimiento numérico de la clase trabajadora. Indican la continua integración racial de la clase trabajadora en todos los ámbitos del trabajo. Reflejan la incorporación a la fuerza laboral de más mujeres que antes trabajaban en la casa. Indican el número creciente de trabajadores con acceso a la educación primaria, y mejoras en la nutrición, así como otros factores sociales.

Pero *La curva de campana* no tiene que ver principalmente con ciencia buena o mala. Ni Richard Herrnstein ni Charles Murray son genetistas. Murray es un propagandista político que adquirió renombre durante la administración Reagan cuando escribió un libro que afirmaba que el gobierno debería eliminar los programas de asistencia social, un libro llamado *Losing Ground: American Social Policy 1950–1980* [Perdiendo terreno: Política social americana 1950–1980]. La administración Reagan elogió el libro pero

"¡Nada mejor que una gráfica para confirmar tardíamente lo que todo trabajador ya sabe y ha sentido en sus huesos!"

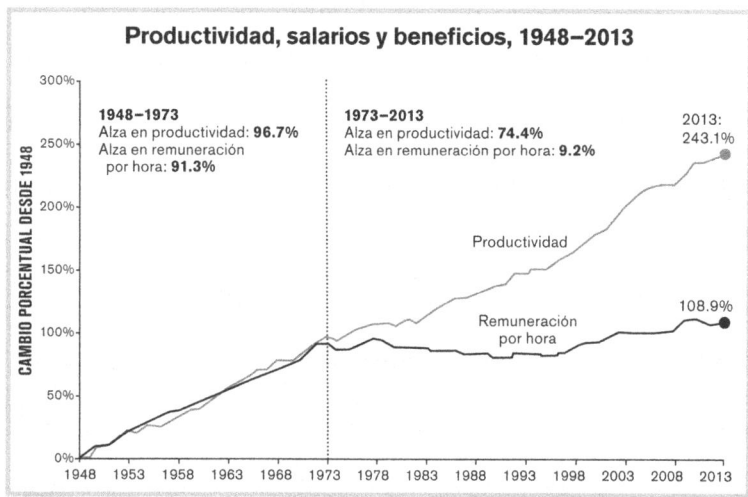

Las cifras de remuneración son salarios y beneficios ajustados a la inflación para trabajadores de producción que no son supervisores. (Economic Policy Institute)

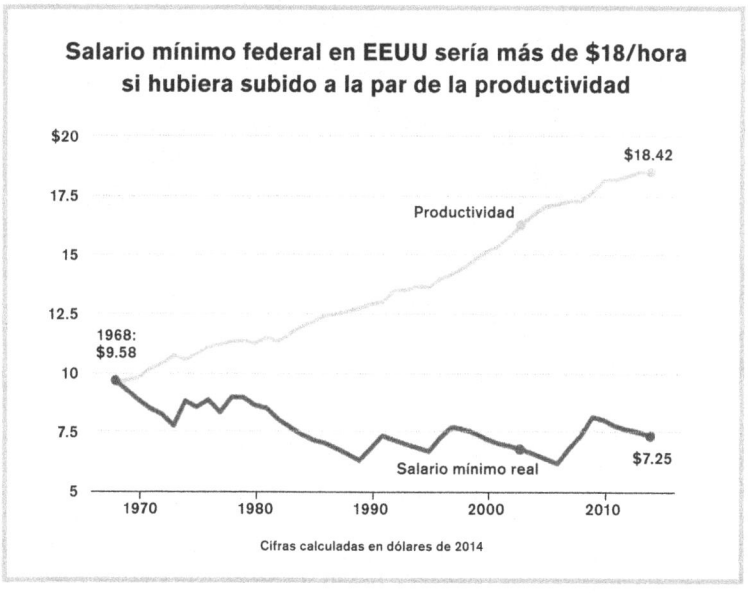

Economic Policy Institute

"En los años 30 la burocracia sindical, el Partido Comunista, el Partido Socialista y otras fuerzas colaboracionistas de clases descarrilaron la fuerza del movimiento sindical industrial, desviándolo para dar apoyo al sistema capitalista".

Arriba: Huelga de brazos caídos paralizó la General Motors en Flint, Michigan, en enero de 1937, obligando a patrones a reconocer el sindicato automotriz UAW.

Recuadro: A medida que ganaban terreno los sindicatos industriales, iba creciendo la confianza de los trabajadores de que podían romper con los partidos gemelos del capitalismo y formar un partido obrero basado en los sindicatos. Los estalinistas, los líderes del Partido Socialista, y algunos burócratas sindicales formaron el Partido Americano del Trabajo (ALP) para impedir eso y captar para Roosevelt el apoyo de los trabajadores que no querían votar por la fórmula demócrata. Las pancartas del ALP apoyan a Roosevelt para presidente y Herbert Lehman para gobernador de Nueva York en 1936.

de ninguna manera iba a seguir sus consejos. Reagan recortó algunos impuestos a los ricos y eso fue prácticamente todo. De hecho, la Casa Blanca de Reagan aumentó el presupuesto federal en todos los renglones, incluso los pagos de asistencia social. Fue Clinton, quien opinó públicamente por televisión que los escritos de Murray sobre los efectos sociales de la Ayuda a Familias con Hijos Dependientes eran "correctos en lo esencial", el que comenzó a promover la necesidad de leyes para abolir "la asistencia social según la conocemos" (*eliminate welfare as we know it*).

Murray dice: sí, hay que eliminar la asistencia social. Es el primer paso necesario para recortar drásticamente los programas sociales financiados por el gobierno que erosionan las ganancias. Eliminemos la asistencia social y después, que venga lo que venga. Es la única forma en que "nosotros" podremos avanzar hasta el punto que "nosotros" podamos caminar nuevamente por nuestras ciudades con tranquilidad, dice.

Nadie en la clase dominante tiene —ni puede tener— una solución a la crisis del sistema capitalista. Y ninguno, por supuesto, ofrece una alternativa a la perspectiva de seguir haciendo lo necesario para aumentar al máximo las ganancias. ¿Qué podrían proponer? ¿Dejar de competir? ¿Aumentar los salarios y reducir las horas de trabajo cuando sus rivales están recortando salarios y prolongando las horas? ¿Dejar de usar a la policía como fuerza de control temida?

No obstante, un mayor número de ellos han empezado a percibir lo que se avecina, a medida que se acelera el declive y arremeten más y más contra la clase trabajadora. Algunos tienen edad suficiente para recordar épocas anteriores en la historia del capitalismo, o han

"Nadie en la clase dominante tiene una solución a la crisis capitalista. ¿Qué podrían hacer? ¿Dejar de competir? ¿Aumentar los salarios cuando sus rivales los recortan? ¿Dejar de usar la policía y las prisiones como fuerza de control temida?"

LUCAS JACKSON/REUTERS

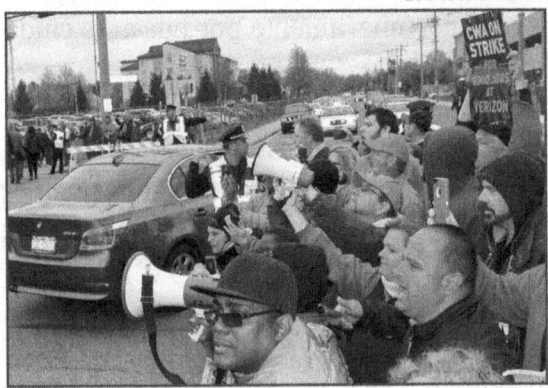
MARVIN JACKSON

Arriba: Protesta en Baltimore tras muerte de Freddie Gray, quien se rompió el cuello cuando la policía se lo llevó encadenado en una camioneta, mayo de 2015.

Abajo: Huelguistas de Verizon gritan a rompehuelgas escoltados por policías frente a un centro de llamadas en Garden City, Nueva York, mayo de 2016. Unos 39 mil sindicalistas salieron en huelga contra intento de patrones de reducir costos laborales para aumentar sus ganancias.

leído lo suficiente sobre esas épocas como para saber lo que pasa cuando crecientes batallas obreras y otras luchas sociales empiezan a coincidir y entrelazarse. Saben que los patrones van a descubrir que también la clase trabajadora puede ser empujada a ser no solo "magra" sino "mala".

> "Los seres humanos tenemos una estructura y variabilidad genética. Pero no solo cambia nuestro *hardware* sino nuestro *software*, tan pronto empezamos a hacer cosas con las manos y ojos desde que somos bebés. La práctica y experiencia social nos hace lo que somos".

La bulla en torno a *La curva de campana* ya pasó su apogeo. Pero la resistencia obrera a lo que los capitalistas pretenden imponer no va a desaparecer. Ni tampoco va a desaparecer su escepticismo creciente —y desestabilizador— acerca de la sabiduría y permanencia de los partidos Demócrata y Republicano.

La mayor parte del debate en la prensa burguesa sobre *La curva de campana* nunca fue algo serio. En general no se hacía más que regañar a los autores diciendo que, independientemente de sus opiniones sobre estos temas, *no deben expresarlas*. No es el momento indicado. Es demasiado explosivo.

En estos momentos no se dan las condiciones en la política burguesa para que surja un movimiento reaccionario a favor de la eugenesia. Las teorías raciales de los na-

"El concepto de raza, en sus formas virulentas y seudocientíficas —como justificación para la esclavitud, por ejemplo— es producto del ascenso del capitalismo industrial".

"Las teorías raciales de los nazis no tenían nada de científico. No pudieron tener resonancia hasta que la clase trabajadora fue derrotada y el fascismo triunfó en Alemania. Era una cuestión política, no científica".

Arriba: Subasta de esclavos en Louisiana, 1842; anuncio de subasta en Carolina del Sur, 1769.

Abajo: Buchenwald, uno de los mayores campos de concentración en Alemania nazi, donde más de 50 mil judíos y otros fueron asesinados.

zis no tenían nada de científico. Esas teorías no podían tener resonancia sino hasta que la clase trabajadora fuera derrotada y el fascismo triunfara en Alemania. Se trataba de una cuestión política, no científica. (Y debemos recordar que antes de que el nazismo le diera mala fama a la eugenesia, muchos de sus principales promotores a principios del siglo 20 eran meritócratas liberales, socialdemócratas y anarquistas de esa época. Entre ellos estaban Sidney y Beatrice Webb, John Maynard Keynes, Margaret Sanger, Havelock Ellis, H.G. Wells, W.E.B. Du Bois, George Bernard Shaw, Bertrand Russell, Piotr Kropotkin y Emma Goldman).

En todo caso, *La curva de campana* afirma que los judíos y los japoneses son los verdaderamente inteligentes, y no los arios. Así que eso de por sí le quita el atractivo para los partidarios de "América Primero" y los supremacistas blancos. ¡A ellos no les interesa ningún programa de eugenesia que pudiera desplazar a los blancos y poner a los judíos y a los japoneses a la cabeza! ¡No, señores! Si esa es la opción, prefieren a Patrick Buchanan antes que a Murray y Herrnstein; de eso podemos estar seguros.

Los seres humanos, por supuesto, tenemos una estructura y variabilidad genética. Pero no somos computadoras. Nuestro *hardware* no es lo único que cambia. También nuestro *software* cambia. Cambia tan pronto empezamos a hacer cosas con nuestras manos y ojos desde que somos bebés. La práctica y experiencia social nos hace lo que somos. Claro está, ciertos rasgos humanos no cambian, independientemente de lo que nos pase socialmente. Los seres humanos tenemos distintos géneros. Tenemos pieles con diferentes tipos de pigmentación. Tenemos diferencias en cuanto a ciertas enfermedades y reacciones a tratamientos médicos. Y hay muchos otros ejemplos. El mundo sería aburridísimo si no fuera así.

> "La lucha por el poder obrero, y la transformación de las relaciones de propiedad que es necesaria para iniciar la transición al socialismo,
> son posibles solo cuando el pueblo trabajador comienza a transformarse y a transformar nuestras actitudes hacia la vida, hacia el trabajo y entre nosotros mismos. Solo entonces sabremos qué somos capaces de ser".

Pero nada de eso puede reducirse a un límite predeterminado del potencial de los seres humanos, o de algún grupo de seres humanos definido en términos sociales. Porque tanto las clases como las razas *son* productos determinados históricamente por el surgimiento de una sociedad dividida en clases. El concepto de raza en sus formas virulentas y seudocientíficas —por ejemplo, como justificación de la esclavitud— es producto de la etapa más reciente de la sociedad de clases. Es una precondición de lo que Carlos Marx llamaba "la acumulación primitiva del capital", así como una consecuencia del ascenso y la consolidación del capitalismo industrial moderno.

Todos los grandes marxistas han celebrado el hecho de que la construcción del socialismo le permitirá al pueblo trabajador transformarse: transformar quiénes somos y de qué somos capaces. Lean el *Manifiesto Comunista* y otros escritos de Carlos Marx y Federico Engels. Lean lo que V.I.

Lenin, León Trotsky y otros dirigentes bolcheviques plantearon al respecto. Lean los artículos y libros de James P. Cannon y Farrell Dobbs. Lean los libros de George Novack y de Evelyn Reed que relatan el ascenso de la humanidad a través de los milenios. Lean a Malcolm X. Lean a Fidel Castro. Lean *El socialismo y el hombre en Cuba* y otras obras de Ernesto Che Guevara. Lean a Maurice Bishop y a Thomas Sankara.

El trabajo productivo social es lo que hace posible toda la civilización y todo el avance de la cultura. Los trabajadores empezamos a transformarnos y a fortalecer lazos de solidaridad humana en el proceso mismo de desarrollar los movimientos sociales combativos y las organizaciones proletarias disciplinadas sin los cuales los gobernantes capitalistas sumirán al mundo en el fascismo y la guerra.

La lucha revolucionaria por el poder obrero —y aún más, la transformación fundamental de las relaciones de propiedad que es necesaria para iniciar la transición al socialismo— es posible solo cuando el pueblo trabajador se organiza para comenzar a transformarnos y a transformar nuestras actitudes hacia la vida, hacia el trabajo y entre nosotros mismos. Solo entonces sabremos qué somos capaces de ser, a medida que desarrollamos nuestras capacidades y las de nuestros aliados para cambiar la sociedad.

Lo que el trabajo humano social hará posible en una sociedad comunista le permitirá a la humanidad sobrepasar a quienes hoy consideramos los grandes pensadores y hacedores de la historia: y sobrepasarlos a tal punto que ni podemos concebir los parámetros de la comparación.

La creciente estratificación de clases y la 'meritocracia ilustrada'

"Los miembros del Caucus Congresional Negro no le rindieron honor a Clinton por fomentar el avance económico y social de la mayoría trabajadora de los africano-americanos o de los trabajadores y agricultores en general. Le rindieron honor por promover sus propias carreras y las de sus semejantes".

MANNY CENETA/GETTY IMAGES

Arriba: Bill y Hillary Clinton en cena de entrega de premios del Caucus Congresional Negro, septiembre de 1999. Dos años después, en el mismo banquete lo nombraron "el primer presidente negro de Estados Unidos".

La creciente estratificación de clases y la 'meritocracia ilustrada'

LA DESIGNACIÓN IRÓNICA de William Jefferson Clinton como "el primer presidente negro" de Estados Unidos en una cena de entrega de premios del Caucus [Grupo] Congresional Negro a finales de 2001 no fue simplemente una broma postcóctel. Reflejó la consolidación de una capa social aburguesada de africano-americanos, producto de la creciente estratificación de clases de la población negra y una perversión inevitable de las victorias logradas por el movimiento por los derechos de los negros en los años 50 y 60. Este proceso se vio reforzado por la "prosperidad" y los "buenos tiempos" capitalistas, alimentados por el crédito, que marcaron

---

Basado en informes que Jack Barnes presentó en una conferencia directiva del Partido Socialista de los Trabajadores celebrada del 11 al 13 de abril de 2009 en Nueva York y en una charla ofrecida el 22 de noviembre de 2008 en un evento con unos 375 participantes en Newark, Nueva Jersey, patrocinado por el PST y la Juventud Socialista. Una versión anterior titulada "La 'meritocracia' cosmopolita y la estructura de clases cambiante de la nacionalidad negra" fue publicada en *Malcolm X, la liberación de los negros y el camino al poder obrero* (Pathfinder, 2009). Muchos datos y cifras han sido actualizados hasta mayo de 2016.

una buena parte de los años 1990, fenómeno que empezó a desmoronarse en la primera década del siglo XXI.

En el seno de la nacionalidad negra se habían desarrollado mucho las capas medias y profesionales, y hasta una capa burguesa, a un grado que apenas un cuarto de siglo antes habría sido impensable para las personas de todas las clases y razas en Estados Unidos. Mucho antes de comenzar su mandato en la Casa Blanca en 1993, Clinton había reconocido la utilidad de este fenómeno para la estabilidad del dominio capitalista en Estados Unidos, y especialmente su importancia para el Partido Demócrata a nivel local, estatal y federal. Clinton nombró a muchos más negros a su administración que los 41 presidentes que le precedieron o, hasta el momento, los dos que le siguieron. Nombró a nueve africano-americanos para puestos a nivel de gabinete y a nueve como ayudantes presidenciales, sin mencionar los miles de nombramientos a otros puestos en la burocracia federal.

Los miembros del Caucus Negro no le rindieron honor a Clinton por fomentar el avance económico y social de la mayoría trabajadora de los africano-americanos o de los trabajadores y agricultores en Estados Unidos en general. Le rindieron honor por promover sus propias carreras y las de sus semejantes sociales.

Este hecho se subrayó casi 15 años más tarde cuando el Comité de Acción Política del Caucus Congresional Negro, al principio del ciclo de elecciones primarias, proclamó su apoyo a la nominación de Hillary Clinton para candidata presidencial en 2016. El congresista Gregory Meeks de Nueva York, presidente de ese comité, elogió a Clinton —en realidad mencionó más a su esposo Bill que a la propia candidata— por ayudar a que miembros del Caucus Congresional Negro llegaran a ser presidentes de subcomités y por haber estado "en la tarima haciendo campaña con nosotros" a través de los años.

Es importante que el movimiento obrero comprenda el alcance y ritmo de la expansión de esta capa media alta de la población negra, que ha existido a lo sumo durante una o dos generaciones, así como sus límites. Esta capa es diferente de la reducida clase media que existió entre los africano-americanos durante la mayor parte del siglo XX: maestros; predicadores en iglesias grandes; dueños de funerarias, negocios de autos y otras pequeñas empresas orientadas a comunidades negras; y un puñado de abogados, contables y médicos que ejercían casi exclusivamente en barrios negros y servían a empresas con dueños negros.

Un indicio de cuán nueva es esta clase media en la nacionalidad africano-americana es el retraso entre el crecimiento del *ingreso* medio anual de sus miembros —que aumentó muy rápidamente una vez que el movimiento pro derechos de los negros tumbara ciertas barreras racistas— y su *riqueza* media. A diferencia del ingreso, la riqueza de una persona (que frecuentemente se denomina su "valor neto" [¡!] en la sociedad capitalista) tarda mucho más en acumularse y traspasarse sin pagar impuestos a través de herencias y de fondos y fundaciones familiares.

Si bien el *ingreso* medio de los negros era casi el 60 por ciento del ingreso de los caucásicos en 2014, la *riqueza* media de las familias negras era poco más del 6 por ciento de la cifra para las familias blancas. Además, esa brecha ha crecido desde el inicio de la crisis de 2007–08, y un porcentaje mucho mayor de la riqueza que tienen los negros consiste de una casa y no de acciones, bonos u otros capitales. En ese sentido los negros siguen siendo "ricos de casa y pobres de dinero", según el viejo refrán. (Para el puñado de acaudaladas familias dominantes, los bonos —del gobierno, de agencias y de empresas— son la parte más grande de la riqueza "permanente" que obtienen de su tajada de la plusvalía exprimida del trabajo social de los trabajadores, agricultores y otros productores a nivel mundial).

Esta acomodada capa social de la población africano-americana también tiene mucho más peso que antes entre los titulares y funcionarios del Partido Demócrata. En los últimos dos años de la administración Obama, 46 miembros —más del 10 por ciento— de la Cámara de Representantes norteamericana eran negros, comparado con cuatro miembros (menos del 1 por ciento) en 1963. En 2010, el número de legisladores estatales africano-americanos (9 por ciento) se había triplicado desde 1970, y casi una tercera parte habían sido elegidos en distritos con poblaciones predominantemente blancas. Hay alcaldes negros en cerca de 50 de las 600 ciudades estadounidenses que tienen 50 mil habitantes o más. Antes de 1967 no había habido un alcalde africano-americano en ninguna de las principales ciudades desde que la Reconstrucción Radical fue aplastada sangrientamente casi un siglo atrás.

Esta capa social de la población negra se ha convertido, de hecho, en el tercer pilar de la "coalición" que moviliza a los votantes para las familias gobernantes que dirigen el Partido Demócrata; los otros dos pilares son la cúpula sindical y los aparatos políticos basados en clientelismo en las principales ciudades de Estados Unidos. Los representantes políticos de esta capa han reemplazado a los *Dixiecrats*, los funcionarios del Partido Demócrata en los estados de la antigua Confederación del Sur, quienes antes de la derrota de la segregación racial *Jim Crow* en los años 60 habían constituido por muchas décadas el baluarte institucional de ese sistema racista y habían garantizado la viabilidad de los demócratas como partido a nivel nacional.

La meritocracia: No es 'un fenómeno negro'

Este crecimiento de las clases medias negras y de la burguesía negra recién ampliada es un cambio que ya mayormente había ocurrido cuando Barack Obama fue electo en 2008. En efecto, culminó *políticamente* durante la administración Clinton de 1993 a 2000.

> "La elección de Obama indica no solo el crecimiento de una capa de clase media alta entre los africano-americanos, sino algo más amplio. No es "un fenómeno negro". Es el crecimiento explosivo de una nueva capa, de mentalidad burguesa, de profesionales e individuos de clase media, de todos los colores y matices de la piel".

A pesar de lo que frecuentemente se dice en los medios de difusión capitalistas y otros ámbitos, la elección de Obama a la presidencia indica no solo el crecimiento de esta capa social entre los africano-americanos, sino algo más amplio en la evolución de las relaciones de clases en Estados Unidos. Para la gran mayoría de los que votaron por Obama en 2008 y en 2012, no es "un fenómeno negro".

La administración Obama le debe su ascenso al crecimiento explosivo, en décadas recientes, de una nueva capa de profesionales de mentalidad burguesa e individuos de clase media —*de todos los matices de la piel*—

en ciudades, suburbios y pueblos universitarios por todo el país.

Desde el inicio de su carerra en la política del estado de Arkansas a mediados de los años 70, Bill Clinton había reconocido oportunísticamente lo que los resultados de las conquistas de las luchas por los derechos de los negros les ofrecían a políticos del Partido Demócrata como él. Desde el principio, Clinton *se propuso* activamente garantizarles a él y a su partido un "voto negro" más y más amplio.

"Esta aspirante capa social *es burguesa* en cuanto a sus intereses de clase, sus valores, su óptica mundial: a qué clase sirve. Pero no es una sección naciente de la clase capitalista.
No es 'empresarial'... Se llevan una parte de la plusvalía creada por los trabajadores y apropiada por la burguesía. Sin embargo, en su gran mayoría no aportan nada a la creación de ese valor".

El fenómeno Obama ocurrió más tarde y es muy distinto. Obama no solo no tuvo que hacer mucho esfuerzo durante su campaña electoral para captar el voto de la gran mayoría de los africano-americanos (el 96 por ciento en 2008, y el 93 por ciento cuatro años después), sino que prácticamente no hay nada que realmente podría haber hecho para *perderlo*. Obama también captó unas dos terceras partes de los votos de los latinos y de la juventud estudiantil, incluida una mayoría considerable de los estudiantes caucásicos. Y dejando a un lado cómo los encuestadores capitalistas y otros definen a los "trabajadores blancos", Obama también obtuvo el 40 y el 36 por ciento de su voto en 2008 y 2012, respectivamente.

Por estas razones, si bien la relación de Clinton con el Caucus Congresional Negro y los maldirigentes burgueses de las organizaciones pro derechos civiles, obreras y de la mujer era hasta cierto punto simbiótica, sin duda él necesitaba a estos "hermanos y hermanas" tanto, si no más, de lo que ellos lo necesitaban a él. En cambio, no cabe duda que la relación de Barack Obama con el Caucus Negro y otros maldirigentes *no* es simbiótica; *ellos* lo necesitan a *él* y no al revés.

Esta creciente capa de clases medias acomodadas a la que me refiero está compuesta de las plantillas muy generosamente remuneradas de las llamadas fundaciones sin fines de lucro, organizaciones caritativas, "grupos comunitarios" y "organizaciones no gubernamentales" (ONG) en Estados Unidos; de profesores bien situados y funcionarios universitarios de alto nivel; de abogados, cabilderos y "personalidades" mediáticas y deportivas, entre otros. La vida y el sustento de estas crecientes capas de la sociedad capitalista que se basan en fundaciones y universidades —y que junto con banqueros y empresarios van ocupando y desocupando puestos en el gobierno— están mayormente desvinculados de la producción, reproducción o circulación de la riqueza social. Su existencia es cada vez más ajena a las condiciones de vida del pueblo trabajador de *cualquier* origen racial o nacional.

Esta realidad se reflejó en los resultados de las elecciones presidenciales en 2008. No fue el llamado voto negro lo que le dio a Obama una victoria tan rotunda en la contienda contra el republicano John McCain. Uno de los cambios más notables en comparación con las elecciones anteriores fue que Obama ganó el 52 por ciento de los votos de las personas con ingresos mayores de 200 mil dólares por año; en cambio, cuatro años antes, el demócrata John Kerry había ganado apenas el 35 por ciento de ese grupo.

Y por primera vez en muchas décadas, el candidato presidencial demócrata en 2008 ganó más del 50 por ciento de los votos en los suburbios predominantemente caucásicos de la nación, comparado con el 41 por ciento y el 47 por ciento que ganó Clinton en 1992 y 1996. Además, si bien los republicanos continuaron dominando muchos suburbios cuyos residentes son de la "riqueza vieja" más establecida —lugares como New Caanan y Darien, Connecticut; Saddle River y Englewood Cliffs, Nueva Jersey; o Sunfish Lake y North Oaks, Minnesota— Obama obtuvo márgenes considerables en pueblos con mayores concentraciones de profesionales de ingresos elevados: lugares como Westport (65 por ciento), West Hartford (70 por ciento) y Greenwich (54 por ciento), Connecticut; Montclair (84 por ciento), Tenafly (64 por ciento) y Ridgewood (56 por ciento), Nueva Jersey; Edina (56 por ciento), Minnesota; y muchos otros. Más del 65 por ciento de los votantes en Scarsdale, uno de los suburbios más exclusivos de Nueva York, votaron por Obama, y el condado de Westchester —el segundo condado más rico del estado y el duodécimo más rico de Estados Unidos— le correspondió a Obama por un margen del 63 por ciento (superando el 58 por ciento para Kerry en 2004 y el 56 por ciento para Clinton en 1996).

La aspirante capa social de la que forma parte Obama es *burguesa* en cuanto a sus intereses de clase, sus valores, su óptica mundial: en cuanto a qué clase sirve. Pero no es una sección naciente de la clase capitalista. No es "empresarial", aparte de un puñado de multimillonarios de la tecnología y los "medios sociales". No está integrada por los dueños, altos directivos o grandes tenedores de deudas de nuevos negocios que van creciendo rápidamente, ya sean fábricas, fincas o empresas financieras o comerciales.

Durante el prolongado "boom" capitalista —alimentado por deudas— que se desmoronó en 2007–08, escasearon las inversiones en fábricas y equipos que aumentan la capacidad productiva, y fue lenta la incorporación de mano de obra productiva en la creación de riqueza social. Este estancamiento de la tasa de acumulación de capital, junto con el crecimiento de la capa media de la que estamos hablando, en realidad son dos caras de la misma moneda. Sus miembros gozan de elevados ingresos, pero muy pocos pueden o van a traspasar mucho capital a través de fondos familiares a las próximas generaciones.

Al contrario, esta autonombrada "meritocracia ilustrada" está empeñada en embaucar al mundo con el mito de que el progreso económico y social de sus miembros es la recompensa justa por su inteligencia, educación y "servicio" individual. Sus miembros realmente creen que su "brillantez", su "presteza", sus "aportes a la vida pública", sus "sacrificios" (humildemente señalan que podrían estar ganando mucho más en el comercio o la banca) les dan el derecho de tomar decisiones, de administrar y "regular" la sociedad para la burguesía: en nombre de lo que según ellos son los intereses "del pueblo".

A cambio de eso, adquieren casas mejores y más grandes; una educación obscenamente costosa para su linaje, desde el jardín de infantes hasta el posgrado universitario; lujosas "necesidades" de consumo; y el equivalente de un "descuento para policías" en todas las grandes transacciones financieras. (La fortuna que hicieron los Obama al adquirir su mansión y jardines en el distrito Hyde Park de Chicago, subvencionados generosamente por uno de los grandes recaudadores de fondos del aparato político de Daley, no es más que un típico ejemplo de estos entornos: un sencillo caso de soborno y corrupción con vestimenta de lujo. Otro ejemplo es la bonanza que Hillary Clinton ganó en un solo día en el mercado de futuros de ganado cuando era primera dama de Arkansas).

Y aunque parezca mentira, estos aspirantes a burgueses consideran que todas estas "recompensas" son muestras de sofisticación social, y no el consumo ostentoso de cachivaches.

Si bien la existencia y el crecimiento de estas capas están mayormente divorciados del proceso de producción, lo cierto es que están muy ligados a la producción y reproducción de *relaciones sociales capitalistas*. Tienen una existencia *parásita*. Para mantener sus elevados ingresos y niveles de vida, dependen de la extracción de una parte de la plusvalía —"rentas"— creada por los trabajadores y apropiada por la burguesía. Sin embargo, la gran mayoría de ellos no aportan nada a la creación de ese valor, ni siquiera de formas despilfarradoras o socialmente dañinas.

Más bien, muchos de ellos persiguen carreras —en las universidades, los medios, "tanques pensantes" y otras institutiones— que fabrican justificaciones ideológicas para la explotación y desigualdad de clase (al tiempo que se esfuerzan por "reformarla", por supuesto). Otros, ya sea como supervisores, empleados o abogados muy bien remunerados, administran las gestiones de la clase dominante —a través de fundaciones, "grupos de apoyo" (*advocacy groups*), ONGs, organizaciones caritativas y otras instituciones "sin fines de lucro", aquí y por todo el mundo— para aplazar y amortiguar las explosivas respuestas sociales y políticas del pueblo trabajador frente al deterioro de nuestras condiciones de vida y trabajo.

(La cúpula sindical, a pesar de su estilo de vida pequeñoburgués y perspectiva burguesa, no forma parte realmente de esta capa. Aún está demasiado vinculada —solo por el carácter de su base de cuotas y su función en la sociedad capitalista— al polvo y la mugre del trabajo.)

La meritocracia es una capa social que se siente insegura de su posición de clase. Le falta la confianza que muestra la burguesía, incluso la burguesía de nuevos ricos. La clase dominante acaudalada —que solo abarca centenares de familias, no miles— sí es una clase segura de sí misma (salvo durante las crisis prerrevolucionarias o momentos de un descalabro acelerado del orden capitalista). No solo poseen, controlan y mantienen la deuda a perpetuidad desde las alturas dominantes de las industrias, la banca, la tierra y el comercio. También dominan el estado y todos los aspectos de la vida social y política, y financian la producción de la cultura y las artes, incluidas sus tendencias "de avanzada".

La capa social meritocrática relativamente nueva que estamos describiendo —*y hoy día son millones, o incluso decenas de millones en Estados Unidos*— no tiene confianza. Al contrario. Estos privilegiados aspirantes a la comodidad burguesa dependen de gorronearles a los capitalistas una parte de la riqueza creada por los productores explotados, pero temen que en un momento dado se verán empujados de nuevo hacia las condiciones de las clases trabajadoras.

Por un lado, debido a su propio tamaño como capa social, reconocen que para la clase dominante ellos sirven un

"Los gobernantes capitalistas son pragmáticos y despiadados. Hacen lo que estiman necesario para defender sus ganancias, su propiedad y ante todo su dictadura de clase. Usan su poder estatal: sus policías, tribunales, fuerzas armadas, controles fronterizos, su moneda".

JOHN MOORE/GETTY IMAGES

BUNYAMIN AYGUN/FOTO DE AP

Arriba: Policías fronterizos estadounidenses arrestan a inmigrantes que cruzaron desde México en busca de trabajo, Rio Grande City, Texas, diciembre de 2015. Más de 350 mil fueron arrestados en la frontera ese año.

Abajo: Restos de un hospital en Kunduz, Afganistán, que fue bombardeado por fuerzas norteamericanas en octubre de 2015. Más de 40 personas murieron en lo que el Pentágono justificó como "error humano".

papel útil al fomentar ilusiones en las supuestamente ilimitadas "carreras que están abiertas al talento" en la sociedad capitalista. Por otra parte, a pesar de su desvergonzada autopromoción, muchos de ellos también sospechan que, ya que no cumplen una función económica o política *esencial* en la producción y reproducción de plusvalía, viven gracias a la tolerancia de la burguesía. En última instancia, muchos de ellos resultan prescindibles, sobre todo en tiempos de creciente crisis social.

La clase dominante capitalista es *absolutamente pragmática* en su política y *absolutamente despiadada*. Pero sí tienen una política de clase. Hacen lo que consideran necesario para defender sus ganancias, su propiedad y los privilegios correspondientes, y ante todo su dictadura de clase. Ellos *utilizan* esa dictadura, *utilizan* su poder estatal: sus policías, sus tribunales, sus fuerzas armadas, su moneda y sus controles fronterizos.

En contraste, esta capa media "meritocrática" no tiene una política de clase propia. En la medida que se comprometen con una línea de acción —que a menudo disfrazan de atenta, sensible, considerada y sobre todo muy inteligente— su política se deriva de las necesidades y exigencias de sus patrones burgueses.

Por ejemplo, a pesar de que la *campaña* de Obama repetía la mantra de "cambio", la *administración* de Obama ha dependido precisamente de los mismos grandes banqueros y financieros de Wall Street que sus predecesores; inclusive, de los mismísimos intereses adinerados —hasta los mismos individuos en muchos casos— que han sido los arquitectos de la desgastante crisis económica y financiera del capitalismo hoy día. Y más que cualquier otra administración en la historia del imperialismo estadounidense, su política exterior, militar y de "seguridad nacional" se caracteriza por su deferencia hacia los más altos niveles de la cúpula profesional de las fuerzas armadas norteamericanas.

Esa es la capa social de la que surgió Barack Obama. No de la nacionalidad negra mayoritariamente proletaria. No del entorno de los pequeños negocios productores y empresariales, la pequeña burguesía. Y tampoco de la burguesía. Obama se identifica con los intereses de clase y la visión mundial de *esta* "meritocracia" cada vez más multinacional.

La principal imagen pública que fingen es la de empatía mesurada, un barniz que oculta su hipocresía social. Ellos también "sienten nuestro dolor", pero nos dan sermones —nos regañan— más de lo que Bill Clinton jamás se atrevió a intentar. Su pretensión principal es la supuesta claridad de su pensamiento y su habilidad de persuadir a su público ("Permítanme ser claro..." es una de las frases predilectas de Obama). Pero lo que no pueden decir con claridad es que "sienten nuestro dolor" cada vez menos. Entre más empatía frenética expresan, menos simpatía demuestran hacia las masas trabajadoras a nivel mundial.

Ellos resienten su vulnerabilidad frente a los que realmente poseen el capital. Les irrita y les infunde un cinismo apenas solapado hacia los valores burgueses tradicionales como el patriotismo, el ahorro, la fe y la familia (es decir, valores *fomentados* por la burguesía como pilares esenciales del orden social, no necesariamente las actitudes típicas, ni mucho menos el comportamiento, de las clases acaudaladas). Y ya que, como explicaron Marx y Engels hace más de 150 años, "Las ideas de la clase dominante son las ideas dominantes en cada época", ese cinismo también pone a esta élite "inteligente" y aventajada en contradicción con los valores y las normas de amplios sectores de la clase trabajadora en Estados Unidos.

Como otros miembros de su entorno social —sean caucásicos, negros, latinos o lo que sea— Obama se considera cosmopolita en el sentido con que el diccionario define la palabra: *"que posee una amplia sofisticación internacional, de mucho mundo".* Completamente distinto del nacionalismo burgués sencillo (que frecuentemente se denomina "patriotismo", para suavizarlo).

Después de unas cuantas victorias para su esposo en las elecciones primarias, a principios de 2008, Michelle Obama dijo: "Por primera vez en mi vida adulta me siento orgullosa de mi país". El mismo Barack Obama al principio optó por no lucir una banderita norteamericana en la solapa (decisión que luego cambió cuando la contienda con Hillary Clinton se volvió sumamente reñida en Pennsylvania). Y cuando el candidato demócrata habló ante una multitud de 200 mil en Berlín en julio de 2008, anunció que era "un ciudadano orgulloso de Estados Unidos y conciudadano del mundo". La derecha republicana puso el grito en el cielo por cada uno de estos incidentes y —dado lo que, desde hace mucho tiempo, se considera aceptable desde el punto de vista de su clase— tenían motivos para quejarse.

Como presidente, por supuesto, Obama pronto demostró en Iraq, Afganistán, Pakistán, Corea del Norte y otros países que su administración desataría la masiva fuerza económica y el mortífero poderío militar del imperialismo norteamericano para "defender" las fronteras nacionales, la moneda nacional y los intereses amplios de la clase dominante de este país. De ahí, la administración Obama agredió a Libia en 2011; aumentó sus ataques con drones (aviones teledirigidos) en todo el Medio Oriente, Asia central y el Cuerno de África; organizó el asesinato a sangre fría de Osama bin Laden; lanzó bombardeos y desplazó fuerzas especiales en Siria; y mucho más.

Y a pesar de las críticas de ciertos sectores (no todos) de los republicanos y de su propio Partido Demócrata, la persona que reemplace a Obama en la Casa Blanca en 2017 no desechará sino que se basará en las políticas que él ha perseguido: el llamado "acuerdo nuclear" con Irán y el papel elevado de Teherán en las alianzas de los gobernantes estadounidenses en el Medio Oriente; el reconocimiento de que la política mantenida por Washington por más de 50 años para derrotar la Revolución Cubana había fracasado y que "era hora de intentar algo nuevo"; el "giro hacia el Pacífico" y el fortalecimiento del poderío militar y comercial de Washington en Asia; y los renovados intentos de emprender un "reinicio" con Rusia. Estas son las actuales políticas exteriores del imperialismo norteamericano y no un desvío de dos años por parte de la administración Obama.

Pero Barack Obama y muchos otros que forman parte de la meritocracia *no* se consideran norteamericanos por encima de todo. Obama no estaba tratando simplemente de ser popular cuando, en un discurso a estudiantes de la Universidad de Cairo en junio de 2009, a principios de su primer mandato, dijo: "Como somos interdependientes, inevitablemente fracasará cualquier orden mundial que ponga a una nación o a un grupo de pueblos por encima de otros". Eso forma parte de las justificaciones mojigatas de la posición social privilegiada de la meritocracia no solo en Estados Unidos sino a nivel mundial.

Eso no significa que los de esta capa sean internacionalistas, ni siquiera internacionalistas burgueses, mucho menos internacionalistas proletarios. Pero los meritócratas sí se identifican con sus homólogos sociales privilegiados en el mundo. Sí tienen una identificación social con estas capas; tienen una misión común. Sí les importa lo que piensan de ellos los profesores, empleados de ONGs, abogados y otros "brillantes" (*brights*)[1] en París, Berlín, Roma y Londres. Sí dependen de ese apoyo como contrapeso a lo que consideran las "vulgares" familias de la clase dominante en este país, las cuales a fin de cuentas les dictan a los meritócratas los límites de lo que van y no van a hacer.

Ante todo, les mortifica ser identificados con los trabajadores en Estados Unidos, sean caucásicos, negros o latinos; sean nacidos aquí o en el extranjero. Sus actitudes hacia los que producen la riqueza de la sociedad —la base de la cultura— varían desde una condescendencia empalagosa hasta expresiones de abierto desprecio cuando a veces se salen del guion, en tanto nos regañan por nuestros modales y nuestras costumbres sociales.

Sobre todo temen ser gobernados algún día por los que podrían —según lo ven con inquietud— convertirse en la

---

[1]. En artículos publicados en 2003 en diversas revistas, Daniel Dennett y Richard Dawkins —profesores de filosofía y biología evolutiva, respectivamente, así como autores de bestsellers muy rentables entre la reciente cosecha de libros "ateos"— se proclamaron pioneros de una agrupación global "de intereses afines" integrada por "cualquier individuo cuya visión mundial esté libre de fuerzas y entidades sobrenaturales o místicas". (Todos "nosotros" sabemos quiénes son esas personas y quiénes *no lo son*, ¿verdad?). En su columna inicial publicada en el *New York Times*, Dennett proclamaba con disimulada ingenuidad: "No hay que confundir el sustantivo con el adjetivo: 'Soy un brillante' no es alarde sino el reconocimiento orgulloso de una visión mundial inquisitiva". Tan "orgulloso" que cuando uno se inscribe por Internet para "autoidentificarse como un Brillante", el sitio web de Dennett le promete confidencialidad.—JB

"gran turba": la mayoría trabajadora y productora. De hecho, Obama ha tratado de proteger a la meritocracia en todo el mundo de los que —según lo perciben sus círculos pequeñoburgueses— son "populistas" ignorantes, malhumorados, patrioteros, abrazadores de pistolas, centrados en la familia, religiosos... en realidad, estúpidos.

Una cuestión de clase

Esta "meritocracia", a falta de un término mejor, es en gran parte lo que Richard J. Herrnstein y Charles Murray describían a mediados de los años 90 en *The Bell Curve* (La curva de campana). En ese libro intentaron ofrecer una justificación "científica" de los privilegios de clase y los ingresos rápidamente crecientes de esta capa social específica de la clase media en Estados Unidos.

Los autores escribieron que, si bien las diferencias ideológicas continuarían distinguiendo —al menos con palabras— a los "liberales" de los "conservadores", y a los "intelectuales" de "los prósperos" ("los prósperos", según su jerga, son la clase capitalista y sus gerentes y profesionales de alto nivel), estas "viejas distinciones" en realidad habían empezado a "borrarse" en relación a las cuestiones de clase más fundamentales. Los autores de *La curva de campana* escriben:

> Existen intereses teóricos e intereses prácticos. Puede que el libro de mayor venta de un profesor de Stanford sea una perorata contra el sistema de justicia penal punitivo, pero no significa que él no votará con sus pies mudándose a un barrio seguro. O puede que su libro sea un ataque fulminante contra normas familiares anticuadas, pero no

"Obama afirma que la ley de Clinton que abolió 'la asistencia social según la conocemos' debe mantenerse como 'pieza clave de la política social', aun cuando sus brutales consecuencias se ven amplificadas por la depresión capitalista a fuego lento".

J. SCOTT APPLEWHITE/FOTO DE AP

Arriba: El presidente Clinton firma ley que eliminó la Ayuda a Familias con Hijos Dependientes, agosto de 1996. Dos décadas después, solo el 26 por ciento de las familias que viven por debajo del nivel oficial de pobreza reciben ayuda económica, comparado con el 68 por ciento en 1996.

PAUL SANCYA/FOTO DE AP

JOHN GRESS/REUTERS

"A la meritocracia le mortifica ser identificada con los trabajadores, sean caucásicos, negros o latinos. Sus actitudes varían desde una condescendencia empalagosa hasta expresiones de abierto desprecio cuando se salen del guión. Ante todo temen ser gobernados algún día por la mayoría trabajadora".

Arriba: Hillary Clinton, en campaña en Virginia del Oeste en mayo de 2016, se disculpa con empleado cesanteado Bo Copely (izquierda) por haber dicho una "inexactitud". Clinton dijo en marzo que, de ser elegida presidente, ella iba a "dejar sin trabajo a muchos mineros del carbón y cerrar muchas empresas mineras" para reducir las emisiones de dióxido de carbono.

Abajo: El presidente Barack Obama da charla por el Día del Padre en la Iglesia Apostólica de Dios en Chicago durante campaña de 2008. "Cualquier tonto puede procrear un hijo", dijo, culpando a padres negros por las condiciones sociales que enfrentan sus hijos.

significa que él no actúe como un padre chapado a la antigua cuando vela por los intereses de sus hijos... y si eso significa mandar a sus hijos a una escuela privada y blanca como la nieve para que reciban una buena educación, pues que así sea.

Por otra parte, puede que el dueño de una cadena de zapaterías se sitúe políticamente a la derecha del profesor de Stanford, pero él busca el mismo barrio seguro y las mismas buenas escuelas para sus hijos... Tal vez él y el profesor no difieran tanto respecto a la manera en que quieren vivir su propia vida personal y cómo el gobierno pudiera servir estos intereses comunes e importantes.

Lo que podemos agregar —algo que Herrnstein y Murray ya sabían— es que ahora ni la escuela privada ni el "barrio seguro" tienen que ser "blancos como la nieve". En efecto, mucho antes de que se publicara *La curva de campana*, no era así en el barrio de clase media de Hyde Park en Chicago, de donde vienen Barack y Michelle Obama, y donde inscribieron a sus dos hijas en una escuela primaria privada con una matrícula combinada de casi 40 mil dólares al año (una suma mayor que el ingreso anual de casi la mitad de las familias de Chicago y de por lo menos el 40 por ciento de las familias en Estados Unidos).

Las pocas "metidas de pata" que Obama cometió durante la campaña presidencial de 2008 se debieron a su cómoda inmersión en este entorno arrogante, autocomplaciente y de mentalidad burguesa. En comparación con otros candidatos demócratas y republicanos en las elecciones primarias, Obama fue cauteloso y disciplinado durante la campaña. Estaba resuelto a no dejar que algún descuido frustrara sus ambiciones. Por eso sus deslices son tan reveladores.

Por ejemplo, tomemos sus palabras —muy difundidas— en un evento para recaudar fondos en abril de 2008, donde habló ante un grupito de partidarios en una casa en el exclusivo barrio de Pacific Heights en San Francisco. El candidato demócrata estaba tan cómodo en esa compañía que bajó la guardia. Salieron sus prejuicios de clase para que todos los escucharan.

Obama dijo que hacía mucho tiempo que se iban reduciendo las oportunidades de empleo para los trabajadores en los pueblos pequeños de Pennsylvania donde acababa de hacer campaña y en "muchos pueblitos del Medio Oeste". "Se fueron reduciendo durante toda la administración Clinton y la administración Bush, y cada administración sucesiva ha dicho que de alguna forma estas comunidades se van a revitalizar y eso no ha pasado. Y no sorprende, entonces, que ellos se amarguen, que se aferren a las armas o a la religión o a la antipatía hacia gente que no se les parece o a sentimientos contra los inmigrantes o contra el comercio exterior como forma de explicar sus frustraciones".

Entonces, veamos, los trabajadores somos unos "amargados", intolerantes, aferrados a las armas, fanáticos de la Biblia y patrioteros, pero eso "no sorprende" ¡ya que somos tan provincianos y estamos tan abatidos y desmoralizados! (A propósito, ¿se puede imaginar un "pueblito" más provinciano que algunas partes de San Francisco? ¿O que el *Upper West Side* (noroeste) de Manhattan? ¿O que el propio Hyde Park de Obama en Chicago?)

Pero las palabras de Obama en Pacific Heights reflejan más que un simple "desliz" momentáneo. Eso se ha confirmado una y otra vez durante su presidencia. Por ejemplo, al hablar en 2011 en otro encuentro exclusivo de sus acaudalados partidarios, esta vez en Brentwood, California, el presidente demócrata comentó despectivamente: "Cuando yo le hablo a gente común y corriente, no siempre están prestando atención. Si les preguntas sobre el Medicare, te dirán: 'Me encanta ese programa, pero me gustaría que el gobierno no se involucrara en él'".

En su discurso sobre el Estado de la Unión en enero de 2016, Obama dijo, con una observación apenas disimulada sobre los que se ven atraídos al candidato republicano Donald Trump: "A medida que crezca la frustración, habrá voces que nos insten a volver a nuestras respectivas tribus, a convertir en chivos expiatorios a conciudadanos que no lucen como nosotros u oran como nosotros o votan como nosotros o comparten la misma procedencia. (¿Qué "misma procedencia" es la que "compartimos" los trabajadores con la gran mayoría de los que hoy día ocupan los más altos niveles de los poderes ejecutivo, judicial o legislativo del gobierno capitalista estadounidense y de sus agencias y oficinas "regulatorias" que proliferan?)

Deformación burguesa de la acción afirmativa

El hecho de que hoy día un número creciente de las personas en esta capa social de la "élite cognitiva" son africano-americanos es algo que habría sido imposible hace 30 años. Demuestra el crecimiento de la clase media negra y la evolución de las actitudes sociales de las que ya hemos hablado.

Para la segunda mitad de los años 60, el concepto de la igualdad ante la justicia en el derecho burgués, reivindicado y codificado en términos más amplios por las masivas luchas pro derechos civiles, ya abarcaba las *cuotas* explícitas y transparentes en la contratación, los ascensos y el ingreso a la universidad: lo que llegó a conocerse como la acción afirmativa. Esto ayudó a derribar barreras que por mucho tiempo habían impedido que muchos africanoamericanos obtuvieran ese estatus social.

Durante esos años, las rebeliones urbanas de los trabajadores que son negros en Harlem, Watts, Chicago, Newark, Detroit y ciudades más pequeñas por todo el país —y el auge de conciencia nacionalista negra y de las organizaciones nacionalistas negras— convencieron a los gobernantes de Estados Unidos de que tendrían que conceder algo más que la igualdad formal. Al menos durante cierto tiempo, tuvieron que aceptar la necesidad de las cuotas. El terreno conquistado por la clase trabajadora —incluso en ciertos casos a través de nuestros sindicatos— se plasmó en victorias como el fallo judicial *Weber* de 1979.

Hoy día las capas medias privilegiadas de las que forma parte Obama se enorgullecen de ser "ciegas a los colores" a un grado que es nuevo en la sociedad burguesa norteamericana. El pegamento que une a estas capas no es el color de la piel sino la clase social; para ser más preciso, es su afianzamiento en *un cierto sector* de una clase social. Y no es infrecuente que algunos de los que son negros, latinos o mujeres comenten que, en su propio caso, *ellos* llegaron hasta donde están —o pudieron haber llegado— sin necesidad de cuotas de acción afirmativa.

La acción afirmativa, nacida como victoria de la clase trabajadora y de la lucha de masas por los derechos de los negros, era una línea de acción destinada a unificar al pueblo trabajador y a los oprimidos a fin de fortalecer nuestros sindicatos y nuestras luchas contra la clase patronal y su gobierno. Sin embargo, al cabo de unos años ya se había corrompido bastante, convirtiéndose en un instrumento de división capitalista en beneficio de las capas más privilegiadas de los negros, las mujeres y otras capas oprimidas de la población, o sea, de los que pretenden ascender a la meritocracia. Su expresión política correspondiente ha sido el intento de suprimir el debate civilizado con el garrote de "lo políticamente correcto" tan odiado por el pueblo trabajador, una reacción de clase que ha sido aprovechada por el candidato presidencial Donald Trump.

Hoy día una buena parte de la burguesía considera que lo que llaman acción afirmativa —que no tiene nada que ver con su contenido social y de clase original— es necesario para mantener y reproducir las relaciones sociales burguesas de manera estable. La principal función de estas medidas, según las ha aplicado la burguesía, es reforzar las ilusiones en la democracia imperialista (por ejemplo: "hasta un negro puede ser presidente de Estados Unidos"). Se utilizan para aumentar aún más las divisiones de clase entre los africano-americanos y otras capas sometidas a la opresión nacional, y para aumentar los resentimientos y las divisiones en el seno de la clase trabajadora en su conjunto.

Al mismo tiempo, cuando se fue replegando el movimiento sindical y la lucha por los derechos de los negros, la clase gobernante empezó a recuperar terreno que antes había tenido que ceder. La Corte Suprema emitió decisiones que progresivamente fueron restringiendo —según lo expresó un dictamen en enero de 1989— "el uso de las cuotas raciales inflexibles". Después de otro fallo semejante de la Corte Suprema en 1995, la administración Clinton emitió un memorando que proponía eliminar todo programa que estableciera "una cuota", "preferencias para indivi-

> ## La decisión *Weber*:
> ## Un logro de la clase trabajadora
>
> En junio de 1979 la Corte Suprema falló a favor de un convenio negociado entre el Sindicato Unido de Trabajadores del Acero (USWA) y la empresa Kaiser Aluminum. Para mejorar las posibilidades de contratación de los que por mucho tiempo habían sido objeto de discriminación, el convenio establecía una cuota: la mitad de las plazas en un nuevo programa de capacitación laboral se reservaría para negros y mujeres. La corte rechazó los alegatos de los abogados de Brian Weber, un trabajador de la fábrica de la Kaiser en Gramercy, Louisiana, de que había sido excluido ilegalmente del programa de capacitación por ser blanco.
>
> Antes de aprobarse ese convenio, aunque el 39 por ciento de los obreros en la fábrica de Gramercy eran africano-americanos, los trabajadores negros ocupaban apenas 5 de los 273 puestos especializados en la planta, y las mujeres ninguno. Los trabajadores socialistas y otros llevaron a cabo una campaña activa por todo el país y todo el movimiento obrero con un folleto, *The Weber Case: New Threat to Affirmative Action; How Labor, Blacks, and Women Can Fight for Equal Rights and Jobs for All*. (El caso *Weber*: Nueva amenaza a la acción afirmativa; cómo los trabajadores, los negros y las mujeres pueden luchar por la igualdad de derechos y empleos para todos). Lo publica Pathfinder y cuesta 75 centavos.

duos no calificados" o "la discriminación a la inversa". Estos eran tres viejos gritos de guerra de los que se habían opuesto a las victorias arduamente conquistadas, como la

"La acción afirmativa fue conquistada por el movimiento negro y obrero como arma para unificar a la clase trabajadora. Combatimos todo intento de revertir los logros que redujeron la discriminación racista y antimujer. Pero nos oponemos a cómo los gobernantes la han convertido en medio para beneficiar a las capas más privilegiadas".

JOHN COBEY/MILITANTE

Arriba: Piquetes de huelga en astillero de Newport News, Virginia, febrero de 1979. La exitosa batalla por el reconocimiento del sindicato del acero mostró cómo se fortaleció la clase trabajadora gracias a las victorias por los derechos de los negros.

Recuadro: Folleto usado por trabajadores socialistas en respuesta al intento iniciado por Brian Weber, empleado de Kaiser Aluminum, para eliminar la acción afirmativa en el convenio sindical, alegando "discriminación a la inversa". Muchos sindicatos defendieron la acción afirmativa, y en junio de 1979 la Corte Suprema rechazó el alegato de Weber.

decisión *Weber*, destinadas a fortalecer la unidad y solidaridad obrera.

En un fallo emitido en 2003 la Corte Suprema, si bien reconoció que la Facultad de Derecho de la Universidad de Michigan podía seguir tomando medidas discrecionales para mantener un "estudiantado diverso", también dictaminó que las "universidades no pueden establecer cuotas para los miembros de determinados grupos raciales o étnicos, ni pueden encaminarlos hacia el ingreso a la universidad por vías distintas".

Los comunistas y otros trabajadores de vanguardia nos oponemos incondicionalmente a que se borre cualquiera de los logros de los trabajadores que hayan reducido las tendencias racistas o antimujer en la contratación, los ascensos, los despidos y el ingreso a la universidad. Por otro lado, no damos apoyo político a la forma en que la burguesía ha aplicado más y más lo que *ellos* denominan acción afirmativa durante las dos últimas décadas. Si no avanza la lucha de clases, conquistas como la decisión *Weber* se ven deformadas con el tiempo por las propias operaciones de las relaciones sociales capitalistas. Se convierten en programas que ofrecen una llave de oro para que algunos ingresen a un club exclusivo y suban unos peldaños más arriba en la escala de ingresos de la sociedad norteamericana.

Mientras existan las relaciones capitalistas, la lucha por las *cuotas* en la contratación, los ascensos y el ingreso a la universidad —es decir, objetivos numéricos explícitos o listas distintas para los que enfrentan la opresión por raza o por género— seguirá siendo un elemento imprescindible para forjar la solidaridad de clase en el camino hacia la lucha revolucionaria del pueblo trabajador para tomar y mantener el poder estatal, y para ayudar a los que luchan por lograr lo mismo en todas partes del mundo.

Desprecio hacia trabajadores que son negros

Lo que resulta tan instructivo sobre la identificación de clase de Obama —y de los de su entorno, independientemente de su raza o género— no es simplemente su actitud condescendiente hacia los trabajadores que son caucásicos. Cuando se trata de los trabajadores que son negros, las actitudes de Obama son igualmente o aún más desdeñosas.

Tomemos, por ejemplo, sus palabras por el Día del Padre en junio de 2008 en la Iglesia Apostólica de Dios en Chicago, cuyos feligreses son africano-americanos en su gran mayoría. Muchos de los reportajes sobre ese servicio religioso se enfocaron en los comentarios que Obama hizo sobre los padres ausentes, pero él dijo mucho más que eso. Regañó a los feligreses diciendo que no debían quedarse "siempre sentados en casa mirando el [programa deportivo de televisión] 'SportsCenter'... De vez en cuando reemplacen el juego de video o el control remoto con un libro".

"No se entusiasmen tanto con esa graduación del octavo grado", dijo Obama en la iglesia de Chicago. "Se *supone* que deben graduarse del octavo grado". (Para los trabajadores y agricultores, eso es menos perjudicial que entusiasmarse con un diploma de derecho en Yale o Harvard, pero eso ya es otro tema).

Entonces agregó con desdén: "Los padres necesitan reconocer que la responsabilidad no termina con la concepción. Eso no te hace padre. Lo que te hace hombre no es la capacidad de procrear un hijo. Cualquier tonto puede procrear un hijo. Eso no te hace padre. Es la valentía de criar

Lenin sobre la lucha obrera contra la opresión nacional

En las primeras décadas del siglo XX, el dirigente bolchevique V.I. Lenin respondió a la política chovinista rusa cada vez más marcada de una casta social privilegiada que iba en ascenso en el aparato del gobierno y del partido de la joven república soviética de trabajadores y campesinos. Él explicó el carácter proletario de las medidas para superar el legado de la opresión nacional en un estado obrero.

En diciembre de 1922, en una carta al congreso del Partido Comunista que se avecinaba, Lenin escribió que el internacionalismo "de las naciones opresoras, o así llamadas 'grandes' (aunque sean grandes solo por su violencia, grandes solo como lo es el matón del barrio), debe consistir, no solo en el respeto a la igualdad formal de las naciones, sino en una desigualdad que compense, por parte de la nación opresora, de la gran nación, la desigualdad que en la vida se establece de hecho.

"Quien no comprende esto no ha entendido tampoco la actitud verdaderamente proletaria en relación con el problema nacional: sigue siendo esencialmente pequeñoburgués en su punto de vista, y, por consiguiente, no puede dejar de caer continuamente en el punto de vista burgués".[2]

---

2. De "Carta al congreso", en *La ultima lucha de Lenin* (Pathfinder: 1997, 2010), p. 255 [impresión de 2016]. También en V.I. Lenin, *Obras Completas*, tomo 45, p. 375 (Moscú: Editorial Progreso, 1987).

a un hijo lo que te hace padre".

Demasiados padres, dijo Obama, "han abandonado sus responsabilidades, actuando como muchachitos y no como hombres. Y por eso los cimientos de nuestras familias son más débiles", agregó. "Ustedes y yo sabemos cuánto eso sucede en la comunidad africano-americana".

Unos meses antes se había dirigido nuevamente ante un público mayormente africano-americano, y los sermoneó por supuestamente darles "presas frías de pollo Popeyes" a sus hijos como desayuno... a diferencia de él y Michelle en la Casa Blanca, según presumimos.

Este tipo de comentarios nos ponen los pelos de punta. Obama estaba responsabilizando en primer lugar a individuos de familias negras —y no a los que expropian la riqueza que creamos— por la calidad de la educación, la nutrición y la atención médica que reciben sus hijos. "Si los padres cumplen con su parte —dijo— entonces nuestro gobierno debe salir a encontrarlos a mitad de camino". ¡A mitad de camino! Y solo "*si*..."

El mismo mensaje paternalista y con prejuicios de clase sobre la "responsabilidad familiar" fue un hilo central del discurso que Obama dio en el congreso nacional del grupo pro derechos de los negros NAACP, celebrado en Nueva York en julio de 2009, seis meses después de su investidura. Solo porque "seas africano-americano" y "es mayor la probabilidad de que crezcas rodeado de delincuencia y pandillas", y "vives en un barrio pobre", dijo Obama, "no es razón para sacar malas notas, no es razón para faltar a las clases, no es razón para abandonar la educación y salirse de la escuela... No hay excusas. No hay excusas".

Al dirigirse a los padres negros, Obama agregó: "No se

puede subcontratar la crianza de los hijos. Para que nuestros hijos se destaquen, tenemos que aceptar nuestra responsabilidad de ayudarles a aprender. Eso significa guardar el Xbox, hacer que nuestros hijos se acuesten a una hora razonable... Nuestros hijos no pueden aspirar todos a ser LeBron o Lil Wayne. Quiero que aspiren a ser científicos, ingenieros, médicos y maestros, no solo jugadores de básquetbol y raperos".

Clinton y Obama: acabar con la 'asistencia social según la conocemos'

Lo hipócrita y fraudulento del sermón de Obama en el Día del Padre de 2008 sobre "los cimientos de nuestras familias" que se están volviendo "más débiles" se hizo aún más patente unas semanas después cuando participó en un foro presidencial televisado en el sur de California, en la iglesia Saddleback del reverendo Rick Warren. Cuando Warren le preguntó cuál era "la opinión más importante que usted mantenía hace 10 años y que hoy ya no mantiene", Obama inmediatamente mencionó su apoyo a la abolición del programa de Ayuda a Familias con Hijos Dependientes (AFDC) por la administración Clinton y el Congreso en 1996. Obama dijo que 10 años antes él había estado "mucho más preocupado, cuando el presidente Clinton firmó el proyecto de ley, de que podría tener resultados desastrosos".

Pero ya en agosto de 2008 —a unos meses de los comicios presidenciales en noviembre, y a varias semanas del estallido de la crisis financiera mundial y las repercusiones que tuvo para los empleos y las condiciones de trabajo— Obama ya estaba "absolutamente convencido" de que la "reforma de la asistencia social [*welfare*]" de Clinton tenía que mantenerse como "pieza clave de cualquier política social".

Qué contraste con la mordaz condena que hizo 10 años antes Daniel Patrick Moynihan, entonces senador demócrata por Nueva York. En 1996 afirmó ante el Senado que esa ley era "el primer paso en el desmantelamiento del contrato social que ha existido desde por lo menos los años 30". (El "contrato social": así es cómo un académico burgués devenido político se refiere a las concesiones arrebatadas como producto de las luchas obreras de masas que forjaron los sindicatos industriales). En una carta dirigida al presidente Clinton en 1996, Moynihan fue más lejos aún, calificándolo como "el acto más brutal de política social desde la Reconstrucción". Debió haber dicho desde la *derrota* sangrienta de la Reconstrucción.

¿Cuáles han sido los resultados desde 1996 de lo que Obama llamó esta "pieza clave" liberal? Un informe del Centro sobre Prioridades Presupuestarias y Políticas resumió las brutales consecuencias, amplificadas por la fuerte reducción de la tasa de crecimiento de la producción y del comercio capitalista —en efecto, la depresión a fuego lento— que comenzó en 2008.

Lejos de garantizarles empleos productivos y buenos salarios a las mujeres, las que fueron expulsadas de la AFDC y tuvieron la suerte de encontrar algún trabajo se han visto obligadas a aceptar empleos mal remunerados, sin sindicato y con pocos o nulos beneficios médicos, pensiones y otras prestaciones. En 2013 el porcentaje de las madres obreras solteras que tenían empleo era un 63 por ciento, exactamente la misma cifra que en 1996. Quiere decir que el 37 por ciento *no tiene trabajo*, ni siquiera trabajos con salarios, condiciones y protecciones miserables.

Y el número de familias que reciben ayuda en efectivo bajo el programa que reemplazó la AFDC —Asistencia Temporal para Familias Necesitadas (TANF)— ha sido recortado en más del 60 por ciento durante ese tiempo. Solo el 26 por ciento de las familias debajo del nivel oficial de pobreza, según lo define el gobierno estadounidense, estaban recibiendo ayuda en efectivo a través de la TANF en 2015, una reducción del 68 por ciento en 1996.

Encadenados a la deuda

Aunque la meritocracia con mentalidad burguesa ha visto un notable aumento en sus ingresos desde los años 60, en el mismo período se han deteriorado marcadamente las condiciones de vida y trabajo de una creciente mayoría del proletariado de todos los colores de la piel. Es cierto que se ha reducido la brecha entre las condiciones económicas y sociales de los trabajadores que son caucásicos y las condiciones de los que son negros, pero no porque la situación haya mejorado para la mayoría de los africano-americanos. La razón es que los empleos, salarios y niveles de vida *han bajado* para una mayoría creciente de la clase trabajadora de todos los colores de la piel.

La actual administración demócrata y la candidata presidencial de 2016 Hillary Clinton hacen alarde de que actualmente la tasa oficial de desempleo, según las cifras del gobierno norteamericano, es aproximadamente la mitad de lo que era en su punto más alto en 2009, poco después de que Obama asumiera la presidencia. La economía "en estos momentos está de lo más bien", dijo Obama en una rueda de prensa en marzo de 2016. Pero esta cifra "oficial" disfraza la verdadera crisis de empleos para los trabajadores.

• La llamada "tasa de participación en la fuerza laboral" —el porcentaje de los trabajadores que realmente forman parte de la fuerza laboral— ha bajado desde el año 2000: de más del 67 por ciento a un 63 por ciento. En términos numéricos esto representa millones de trabajadores que involuntariamente ya no son parte de la fuerza laboral.

"Si se ha reducido la brecha entre las condiciones de los trabajadores que son caucásicos y los que son negros desde los años 60, no es porque la situación haya mejorado para la mayoría de los africano-americanos. La razón es que los empleos, salarios y niveles de vida han bajado para una mayoría creciente de la clase trabajadora de todos los colores de la piel.

• El porcentaje de los trabajadores desocupados que el gobierno norteamericano cuenta como "desempleados a largo plazo" (o sea, sin empleo durante 27 semanas o más) ha subido de un poco más del 15 por ciento en 2009 a casi el 28 por ciento actualmente.

• A pesar de la reducción de lo que a menudo se llama la tasa de desempleo "publicada" (*headline unemployment rate*) del gobierno, la cifra para los negros sigue siendo entre el 75 y el 80 por ciento más alta que para los trabajadores que son caucásicos. Esa brecha no se ha cerrado.

Los trabajadores y agricultores en Estados Unidos también están siendo golpeados duramente por las desastrosas consecuencias de la campaña de la clase dominante en las últimas décadas para mantener a flote su tasa de ganancias sobre un mar de deudas, un mar en que dejan que *nosotros* nos ahoguemos. ¿Cómo ocurrió esta situación?

Desde fines de los años 60, los capitalistas han experimentado renovadas presiones sobre su tasa media de ganancias, la cual ha sufrido una progresiva tendencia bajista. La primera recesión mundial después de los años 30 ocurrió en 1974-75. Ante esta desaceleración de la acumulación de capital durante más de cuatro décadas, los gobernantes han limitado sus gastos en la expansión de la capacidad productiva y de la contratación de mano de obra en gran escala.

Con la esperanza de estimular la acumulación de capital, los sirvientes políticos de la clase gobernante en la Casa Blanca y el Congreso, tanto demócratas como republicanos, junto con el Banco de la Reserva Federal, aumentaron masivamente el uso de los créditos. Abarrotaron los bancos con billones (millones de millones) de dólares en todo el sistema financiero imperialista y estimularon un grado de apalancamiento que haría sonrojar a Las Vegas.

Entre las primeras víctimas de los bancos, desde los años 80, estaban las naciones oprimidas en toda América Latina, África y Asia, así como los pequeños agricultores en Estados Unidos. Los gobiernos capitalistas en el mundo semicolonial se vieron empujados más y más al incumplimiento (y a exprimir despiadadamente al pueblo trabajador), mientras los agricultores en Estados Unidos se vieron arrastrados a ejecuciones hipotecarias y a la pérdida de la tierra que trabajaban.

Los gobernantes estadounidenses simultáneamente incitaron e indujeron a crecientes capas de la clase trabajadora

"En su esfuerzo por mantener a flote sus ganancias en un mar de deudas, los capitalistas dejan que *nosotros* nos ahoguemos".

Fuente: Reserva Federal, Oficina de Análisis Económico, hasta el cuarto trimestre de 2015

Arriba: Anuncio en diario de Houston, julio de 2016. Los gobernantes norteamericanos han "inducido a crecientes números de trabajadores a endeudarse con tarjetas de crédito, préstamos a estudiantes, 'financiamiento' de autos e hipotecas".

a caer en una situación de profundo endeudamiento: deudas de tarjetas de crédito, préstamos a estudiantes, "financiamiento" de autos, hipotecas y préstamos en que la casa se usa como garantía (*home equity loans*). Al ir bajando los salarios reales, un número mayor de nosotros nos vamos quedando con poco o nada al final del mes para pagar los intereses y el principal de los préstamos. Ya no podemos pagar las cuentas.

"Las 'ofertas estupendas' de buenas hipotecas tenían un beneficio político para las familias gobernantes. En el capitalismo, ser dueño de casa fomenta la ilusión de que somos 'propietarios' con un interés en el sistema capitalista. Subvierte nuestra solidaridad de clase, elevando las relaciones con 'otros dueños' por encima de los lazos con otros trabajadores".

Podemos parafrasear la vieja canción de Tennessee Ernie Ford: más y más trabajadores "debemos nuestra alma a la tienda de la compañía" (*owe our souls to the company store*).

La promoción de "ser propietario de su casa" se convirtió en una de las formas preferidas de los capitalistas de encadenar al pueblo trabajador con deudas. Las administraciones de Clinton y de George W. Bush presionaron incesantemente a los trabajadores para que obtuvieran lo que llegaron a conocerse como préstamos *subprime* (de alto riesgo) para comprar casas y apartamentos: préstamos de "bajo pago inicial" (o incluso "sin pago inicial"), financiamiento de "tasa variable" y otras formas de servidumbre por deudas de alto riesgo. Los bancos promovieron lo que cínicamente llegaron a denominarse "préstamos de mentirosos". (Es decir, el prestamista y el prestatario intercambian guiños mutuos al llenar las solicitudes de hipoteca. Por supuesto, al final los deudores quedaron aplastados mientras que los banqueros se llevaron un buen botín). Esta campaña se aceleró a un nivel vertiginoso hasta desplomarse en 2007–08, cuando millones de familias obreras perdieran su vivienda.

Las "ofertas estupendas" para la compra de casas también ofrecían un beneficio *político* y de clase a las familias gobernantes. Estas reconocen que en el capitalismo, ser dueño de casa tiene un efecto conservador en los trabajadores y los oprimidos. Fomenta la ilusión de que también nosotros somos "propietarios" y tenemos un interés en el sistema capitalista.

Como escribió francamente Alan Greenspan, ex presidente de la Junta de Gobernadores de la Reserva Federal, en 2007: "Yo era consciente de que al flexibilizar las condiciones del crédito hipotecario para los prestatarios *subprime* se aumentaba el riesgo financiero, y de que las iniciativas para subvencionar la compra de casas distorsionan los resultados del mercado. Pero creía, y sigo creyendo, que los beneficios de una ampliación de la propiedad de viviendas compensan el riesgo [¡*para los gobernantes!*—JB]. La protección de los derechos de propiedad, tan crucial para una economía de mercado, requiere una masa crítica de propietarios que sostenga el apoyo político".[3]

---

3. Alan Greenspan, *La era de las turbulencias: Aventuras en un nuevo mundo* (Barcelona: Ediciones B, 2008), pág. 263.

El ser propietario de una casa ata al trabajador a onerosos pagos de hipotecas y a un gasto interminable de tiempo y dinero para el mantenimiento y reparaciones. Subvierte nuestros hábitos de solidaridad de clase, elevando las relaciones y los problemas que compartimos con "otros propietarios" y otros "contribuyentes con propiedad" por encima de los intereses que compartimos con otros trabajadores.

Nos hace menos móviles. Nos hace menos *libres*, como subrayaba Engels: más atados al terreno sobre el cual descansa el inmueble. En su folleto de 1873 *Contribución al problema de la vivienda*, Engels explicó que un título de propiedad inmobiliaria (denominado propiedad del "hogar" por sus defensores burgueses, quienes con total cinismo le dan un toque sentimental a toda su demagogia) es una "atadura" para los trabajadores en la sociedad capitalista. "Proporcionadles casas que les pertenezcan en propiedad, encadenadlos de nuevo a la tierra, y romperéis su fuerza de resistencia" durante "una huelga seria o una crisis industrial general", escribió Engels.[4]

Productos de luchas obreras

Entre los resultados de las batallas obreras que forjaron los sindicatos industriales en los años 30, y de la lucha con dirección proletaria por los derechos de los negros en los años 50 y 60, están los programas del gobierno de los que depende la clase trabajadora además del salario que recibimos de un patrón, ya sea un empleador privado o el gobierno.

---

4. Federico Engels, "Contribución al problema de la vivienda", en Marx y Engels, *Obras escogidas* (Moscú: Editorial Progreso, 1976), tomo II, p. 350.

"Entre los resultados de las batallas obreras que forjaron los sindicatos industriales en los años 30, y de la lucha por los derechos de los negros en los años 50 y 60, están los programas —como la Seguridad Social— de los cuales dependemos los trabajadores además del salario que recibimos de un patrón".

SOCIEDAD HISTÓRICA DE MINNESOTA

BIBLIOTECA DEL CONGRESO

Arriba: Las victoriosas huelgas combativas en 1934 del sindicato Teamsters en Minneapolis, Minnesota, junto con las acciones de portuarios en California y obreros automotrices en Ohio, allanaron el camino para que trabajadores en todas las industrias básicas forjaran sindicatos.

Abajo: Unas 15 mil personas marchan en Harlem en marzo de 1965 en apoyo a manifestantes por el derecho al voto en Selma, Alabama, que fueron atacados brutalmente por la policía. La pancarta dice "¡Marchamos con Selma!"

Por ejemplo, las pensiones de la Seguridad Social fueron concedidas por los gobernantes capitalistas en 1935 cuando las grandes batallas sindicales estaban en ascenso. Medicare y Medicaid fueron creados en 1965 como resultado directo de la presión del movimiento que tumbó el sistema Jim Crow y de las rebeliones urbanas que estremecieron el país y la confianza de la clase dominante. Y en 1972 se estableció el programa de Ingreso Suplementario de Seguridad (Supplemental Security Income, SSI) para los ciegos, minusválidos y personas mayores, otra consecuencia de estas luchas.

"Solo cuando sean desarraigadas por la acción revolucionaria de las clases trabajadoras, en camino a la conquista del poder estatal —solo cuando la compulsión económica, el sistema de salarios, el "nexo del dinero", deje de ser la base de toda interacción social— surgirán finalmente nuevas relaciones humanas".

La Ley de la Seguridad Social de 1935 había incluido pequeños pagos suplementarios de jubilación para muchos trabajadores; seguro por desempleo e indemnización para trabajadores lesionados, programas federales en ambos casos; así como la ayuda para hijos dependientes (que se pagaba a las madres que cumplían los requisitos). Esta ley fue redactada por la administración Roosevelt para cumplir con las necesidades del capital de *limitar* las concesiones lo más posible. Por ejemplo, no solo se financiaba parcialmente las prestaciones de jubilación con un impuesto por nómina a los trabajadores (una medida regresiva y antiobrera), sino que la intención era que las cantidades mínimas que se pagaban fuesen apenas un pequeño suplemento a lo poco que los trabajadores lograran ahorrar para la vejez (nada, en la mayoría de los casos) o que consiguieran de sus hijos adultos.

Es más, ya que en 1935 la esperanza media de vida era menos de 62 años, y menos de 60 años para los hombres, la suma que se anticipaba que el gobierno pagaría en prestaciones de jubilación a partir de los 65 años sería muy reducida; de hecho, en casi la mayoría de los casos ¡no sería ni un centavo!

Los pagos de la Seguridad Social no tenían por objetivo defender y fortalecer a la clase trabajadora. Les devolvían a los trabajadores apenas una suma simbólica por la riqueza producida con nuestro trabajo social. La Seguridad Social tenía como objetivo reforzar la responsabilidad de la familia de ocuparse de las necesidades de los jóvenes, los ancianos, los discapacitados y los enfermos; entre otras cosas, se pretendía fortalecer la norma social de que el hogar era el lugar que les correspondía a las mujeres de la clase trabajadora con hijos dependientes. (Digo mujeres de la clase trabajadora, porque la familia burguesa siempre ha contratado o mantenido todo un tropel de nodrizas, niñeras, tutoras y hasta paseadores de perros: siendo este último caso un sustituto cómico en el siglo XXI del mozo de cuadra del viejo establo burgués).

Todo el cotorreo mojigato de los gobernantes capitalistas y sus portavoces acerca de "la defensa de la familia obrera" es solo un intento de absolver a las familias capitalistas dominantes y a sus instituciones gubernamentales de la responsabilidad *social* por la alimentación y el vestido, la educación, la atención médica, la vivienda, el transporte y más. Es la bandera bajo la cual imponen estas responsabilidades a los trabajadores como individuos, es decir, principalmente a las mujeres.

Estas relaciones sociales capitalistas son la fuente de tanta miseria personal y familiar hoy día. Solo cuando sean desarraigadas por la acción revolucionaria de las clases trabajadoras, en camino a la conquista del poder estatal —solo cuando la compulsión económica, el sistema de salarios, el "nexo del dinero", deje de ser la base de toda interacción social— surgirán finalmente nuevas relaciones humanas.

El pueblo trabajador y nuestros sindicatos tienen un interés vital, no solo en defender lo que en la lucha hemos conquistado de manos de la clase patronal, sino ante todo en forjar un movimiento social y político de la clase trabajadora, de carácter de masas, *para extender estas conquistas a todos como derechos universales*, no como obra de caridad que se concede solo a los que pueden demostrar que la necesitan. Con nuestro trabajo la clase trabajadora, en este país y a nivel mundial, produce una riqueza más que suficiente para brindar educación, atención médica, vivienda y jubilación a todos los seres humanos del mundo, y para toda la vida.

Cada paso hacia una política social "centrada en la familia", en vez de una trayectoria proletaria independiente para impulsar los intereses históricos del pueblo trabajador, incluido el derecho de cada mujer a la libertad reproductiva…

Cada paso que tomen jóvenes "talentosos" de la clase trabajadora hacia "una carrera" como escalera social para trepar (y *salirse* de su clase)…

Cada paso hacia obras de beneficencia financiadas por el estado y "de base religiosa" (y la administración Obama ha seguido los pasos de Bush en cuanto a lo último), en vez de la educación, la atención médica y las pensiones garantizadas por el gobierno como *derechos sociales universales de la clase trabajadora*...

Cada paso dirigido a apretar más la trampa de la esclavitud por deudas hipotecarias (es decir, "la propiedad de vivienda" en el capitalismo), en vez de un movimiento social revolucionario del pueblo trabajador que reivindique la nacionalización de la tierra y la vivienda, luchando por viviendas cómodas, espaciosas y asequibles para todos...

Cada paso en ese sentido debilita a la clase trabajadora y al movimiento obrero, a la vez que fortalece la mano de los gobernantes, quienes pretenden culpar a sectores de nuestra clase y a otros chivos expiatorios de los males del orden capitalista mundial que se van intensificando.

Cada paso en ese sentido atenta contra lo que el pueblo trabajador —incluidos los negros, las mujeres y los nacidos en el exterior— han conquistado en sus luchas a partir de la Guerra Civil y la Reconstrucción Radical, pasando por el movimiento social de masas que forjó los sindicatos industriales, y las luchas dirigidas por los negros en los años 50, 60 y a principios de los 70, las cuales le clavaron una estaca en el corazón al sistema Jim Crow y beneficiaron profundamente a todo el pueblo trabajador en Estados Unidos.

El capitalismo, la clase trabajadora y la transformación del aprendizaje

"El hombre realmente alcanza su plena condición humana cuando produce sin la compulsión de la necesidad física de venderse como mercancía".
—*Ernesto Che Guevara*

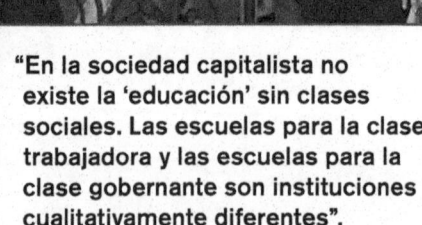

"En la sociedad capitalista no existe la 'educación' sin clases sociales. Las escuelas para la clase trabajadora y las escuelas para la clase gobernante son instituciones cualitativamente diferentes".

Arriba: Ensamblaje de camiones en fábrica de Navistar, Ohio, 2014.
Abajo y recuadro: Jóvenes pasan por detector de metales en escuela secundaria en Hazleton, Pennsylvania, agosto de 2012; el cartel avisa que es obligatorio hacerlo. Así comienzan las clases en muchas escuelas en Estados Unidos.

El capitalismo, la clase trabajadora y la transformación del aprendizaje

GERARDO SÁNCHEZ: Una cosa que a veces me cuesta explicar a los estudiantes que están interesados, cuando pongo una mesa de libros y periódicos en un recinto universitario, es por qué deben apoyar las luchas sindicales. Algunos dicen, por ejemplo, que muchos trabajadores ganan un salario más alto de lo que reciben algunos graduados universitarios.

"¿Para qué ir a la universidad, pagar 30 mil dólares o lo que sea antes de graduarme y después conseguir un trabajo que paga 7 u 8 dólares la hora", preguntan algunos es-

---

El intercambio reproducido aquí se dio durante el período de discusión después de una presentación de Jack Barnes en una conferencia socialista educacional celebrada el 10 de abril de 1993 en Greensboro, Carolina del Norte. Apareció originalmente en *El desorden mundial del capitalismo* (1999), una colección de charlas de Barnes, y después se publicó como folleto titulado *La clase trabajadora y la transformación de la educación: El fraude de la reforma educativa bajo el capitalismo* (2000). Se han vendido más de 20 mil ejemplares del folleto a nivel mundial en siete idiomas: inglés, español, francés, persa, griego, sueco e islandés.

tudiantes, "si los mineros, los obreros automotrices y otros miembros de sindicatos ganan 12 o 15 dólares la hora [equivalente a 20 o 25 dólares en 2016]? Los trabajadores no tienen una formación universitaria pero yo sí. ¿Para qué apoyar su huelga si ellos ya ganan tanto?"

Me parece que algunos jóvenes creen que no van a tener futuro una vez se gradúen, y se ven influenciados por este tipo de posiciones burguesas, derechistas y antisindicales. ¿Podrías decir algo al respecto?

JACK BARNES: Entre otras cosas, los estudiantes que describes tienen una idea exagerada de lo que gana el trabajador medio, incluso los trabajadores sindicalizados. También parecen estar confundidos por dos conceptos falsos.

Primero, de que existe una relación entre las habilidades que se imparten en la educación universitaria y el salario de los egresados universitarios. No existe relación alguna.

El segundo concepto falso es de que hay una especie de "pastel de ingresos" de tamaño fijo, de modo que si un grupo de trabajadores gana un salario más alto, implica salarios más bajos para los demás. Es un mito que los capitalistas promueven para proteger sus ganancias y tasas de ganancia tratando de volver a los trabajadores unos contra otros.

La verdad es que los salarios no tienen nada que ver con el valor de lo que los trabajadores producimos o del servicio que rendimos. En gran medida, el salario se determina por lo que la clase trabajadora, gracias a su organización y sus luchas a lo largo del tiempo, ha logrado establecer y defender como el mínimo nivel de vida socialmente aceptable. A eso se refería Carlos Marx cuando escribió en *El capital* que en contraste con "otras mercancías, la determinación del valor de la fuerza de trabajo encierra un elemento histórico y moral".[1]

"El propósito de la educación en la sociedad de clases no es educar. Es dar a los 'educados' un interés en pensar que van a ser diferentes de las personas que trabajan toda su vida".

Las luchas del movimiento obrero para aumentar los salarios, incluido el salario mínimo federal, crean una mejor correlación de fuerzas de clases para que todos los trabajadores puedan lograr una mejor remuneración y condiciones de trabajo más seguras. En el capitalismo, si los trabajadores no se organizan en sindicatos para defender e impulsar sus intereses de clase, explicó Federico Engels en 1881, "el trabajador no obtiene siquiera lo que, conforme a las reglas del sistema asalariado, le corresponde".[2]

Estas son cuestiones de clase, no de la escolaridad de un individuo. El propósito de la educación en la sociedad de clases no es educar. El propósito de la educación es darles a los "educados" un interés en pensar que van a ser diferentes —que estarán en una mejor posición económica, más de "cuello blanco"— que otras personas

---

1. Carlos Marx, *El capital* (Ciudad de México: Siglo Veintiuno Editores, 1994), tomo I, vol. 1, pág. 208.

2. "El sistema del salario", en Marx y Engels, *Obras fundamentales* (México: Fondo de Cultura Económica, 1987), vol. 11, pág. 515.

que trabajan toda su vida. Al hacer esto, los gobernantes esperan que los que consiguen un título universitario se volverán partidarios más fiables del statu quo. Quieren que uno se sienta más cómodo supervisando, "orientando" y evaluando a trabajadores, directa e indirectamente. Quieren poder contar con uno como partidario estable del sistema capitalista. Eso no es educación, es confusión y corrupción.

Hay capas sociales enteras —abogados y otros llamados profesionales— que reciben ingresos muy altos simplemente porque pueden colgar una hoja de papel en la pared, una hoja que escasea mucho debido a las acciones que toma el estado. Gracias a su monopolio sobre estas funciones en la estructura de clases y la jerarquía de la sociedad capitalista, estos profesionales y otras capas medias reciben una "renta" —una recompensa— de la burguesía. Viven de una parte de los frutos de la explotación de los trabajadores, los pequeños agricultores y otros productores.

Esa es la otra función de la educación en el capitalismo. Les da a ciertas capas sociales privilegiadas una *licencia* para un ingreso más alto, una *licencia* para una tajada de la plusvalía que los trabajadores creamos con nuestro trabajo. La plusvalía que creamos es mucho mayor que los salarios que nos pagan los capitalistas. Además de la plusvalía que los dueños del capital industrial, bancario, comercial y terrateniente se reparten entre sí (mediante la competencia) en forma de ganancias, intereses y rentas, también pagan una parte de esta riqueza a estas capas de profesionales, gerentes y personal administrativo.

En la gran mayoría de los casos, estos individuos no contribuyen nada a la producción. Pero sí ayudan a las familias propietarias dominantes a mantener y reproducir las relaciones de clases, los privilegios y la dominación que son necesarios para el dominio de la burguesía.

> **"Hasta que se reorganice la sociedad para que la educación sea una actividad humana desde que somos muy jóvenes hasta que morimos, no habrá educación digna de la humanidad trabajadora y creadora. No existirá la solidaridad social".**

Entonces la relación entre el nivel de escolaridad y los ingresos en la sociedad capitalista no significa para nada que los graduados universitarios tengan más conocimientos, y mucho menos que hagan un mayor aporte al bienestar o a la creatividad de la humanidad (o que necesariamente hagan un mayor aporte directo a la riqueza capitalista). Más bien, es un pequeño precio que la clase dominante acaudalada paga para tener una clase media que les ayuda a mantener la estabilidad social, contener las demandas de la clase trabajadora y justificar las consecuencias sociales polarizantes de las relaciones de producción en el capitalismo.

Por ejemplo, los liberales últimamente han hecho mucho alboroto sobre cifras que muestran que en los últimos 15 años ha crecido la brecha entre el ingreso medio anual de los graduados de secundaria y los graduados universitarios. ¿Acaso significa que los graduados universitarios se han vuelto más inteligentes en el espacio de una década y media, o que los capitalistas reclaman más sus habilidades? ¿Significa que hoy la sociedad de alta tecnología tiene más necesidad de los "analistas simbólicos" que de los "productores rutinarios", según quiere hacernos creer el nuevo secretario del trabajo de Clinton, el profesor Robert Reich de la universidad Harvard?

No, esta creciente brecha de ingresos significa que el movimiento sindical se ha debilitado y que los salarios reales se han reducido. Los patrones han deprimido el precio de nuestra fuerza de trabajo. Es lo único que significa.

Tampoco existe un pastel de ingresos fijo. Si los trabajadores conquistan salarios más altos, significa ganancias más bajas para los capitalistas; los salarios no provienen de un "fondo salarial" que se va agotando a expensas de otros trabajadores y de la clase media baja. De hecho, las alzas salariales y las mejores condiciones conquistadas en la lucha por el movimiento obrero ponen a la clase trabajadora en su conjunto —junto con los pequeños agricultores y otros aliados entre las masas trabajadoras— en una posición más sólida para luchar por un mejor nivel de vida y mejores condiciones de vida y de trabajo. Por eso los capitalistas libran una ofensiva ideológica para convencer a la clase media y a capas de trabajadores de que acepten el concepto falso y reaccionario de que los aumentos salariales son la causa de todo desde la inflación hasta el desempleo y el empobrecimiento.

Nada de eso es cierto. Marx lo explicó hace muchos años en sus folletos *Trabajo asalariado y capital* y *Salario, precio y ganancia* (los editores posteriores le cambiaron el título a *Valor, precio y ganancia*, pero estoy usando el título que usó Marx; es más preciso). Sobre este punto no hay nada que añadir al análisis básico que él ofrece en esos folletos, que fueron escritos como armas políticas para el movimiento obrero hace más de un siglo y mantienen el mismo valor hoy día.

Hasta que se reorganice la sociedad para que la educación sea una actividad humana desde que somos muy jóvenes hasta que morimos, no habrá educación digna de la humanidad trabajadora y creadora. Solo existirá una pretendida educación o pericia técnica por parte de un grupito de personas. Esa es la verdad histórica.

No es una cuestión relativa a la 'juventud'

La sociedad capitalista fomenta el mito de que la educación es una cuestión relativa a la juventud. Pero ninguna sociedad que considere la educación como cuestión que solo atañe a los jóvenes podrá ofrecer una educación relevante para los seres humanos, incluidos los jóvenes. Jamás existirá la solidaridad social en ese tipo de sociedad.

Para la clase trabajadora, el punto de partida no puede ser cómo cambiar las cosas para que la *juventud* reciba una mejor educación. Nuestro punto de partida tiene que ser cómo transformar los valores de la sociedad, y no solo lo económico; no se puede reducir simplemente a un problema económico. Para que sea relevante, la educación debe crear las posibilidades para que avance la sociedad en su conjunto, en vez de reforzar la explotación de la mayoría por parte de una minoría. Mientras tanto, la única "educación liberal" a la que pueda acceder un luchador que la busque es una educación política en el seno del movimiento obrero.

Lo que hoy día se enseña en la mayoría de las escuelas en gran parte no sirve para nada. Hay unas pocas habilidades que permiten cierto grado de preparación para la vida: aprender a leer, aprender a escribir, aprender a computar, practicar para prolongar nuestra capacidad de atención, aprender la disciplina necesaria para estudiar y usar nuestra mente. La lectura y el estudio son sumamente difíciles. Hace falta disciplina para quedarse quieto tres horas, dos horas o incluso una hora —sin moverse, sin saltar del asiento— y trabajar las ideas. Es difícil trabajar las ideas; es algo que tenemos que aprender: todos nosotros. Es parte del proceso de tomarnos en serio a nosotros mismos. Es parte del proceso de tomar en serio a la humanidad. Tenemos que aprender a leer y a estudiar, llegando a comprender mejor cómo otras personas viven y trabajan, ya sean más viejas o más jóvenes que nosotros.

Casi todo lo demás que nos enseñan en la escuela, especialmente en las llamadas ciencias sociales y "disciplinas" afines, son cosas que tenemos que desaprender. Los cursos de educación cívica, de estudios sociales: todos sirven para ofuscar. Hay ciertos tipos de formación técnica y de ciencias aplicadas que, con un poco de suerte, pueden ser útiles. Pero son tipos de programas de aprendiz, no son una educación liberal en un sentido relevante y universal.

Muchos jóvenes se preguntan por qué deben ir a la escuela durante 12 años en esta sociedad. La mayoría jamás aprenden nada de valor después del sexto o séptimo grado. Yo fui a escuelas públicas de la clase trabajadora en el sur de Ohio en los años 40 y 50. Nunca tuve que escribir un solo ensayo ni hacer nada semejante durante todos mis años de escuela; nunca me dieron un motivo para concentrarme en algo así. Pero sí tuve algunos maestros que eran gente excelente y que me animaron a leer, me enseñaron gramática y ortografía. Con su ejemplo me enseñaron al menos a quedarme quieto y trabajar un rato. Demostraron un poco de solidaridad social. Eso es lo único que puedo decir que adquirí en la escuela. Sin embargo, esa parte resultó ser valiosa. Fue un accidente afortunado. Pero gracias a ese accidente aprendí a leer, adquirí el hábito de la lectura y lo adquirí para *toda la vida*. Al mismo tiempo, yo odiaba leer lo que me forzaban a leer en la secundaria. En esos años odiaba a Shakespeare, odiaba *Macbeth* por la manera que lo enseñaban.

A la mayoría de los jóvenes en la sociedad capitalista nunca se les enseña que tienen algo a que aspirar después de terminar su enseñanza obligatoria. Nunca se les enseña de una manera en que puedan creer que el sistema educativo se basa en la premisa de que su vida tiene el más mínimo valor. (Estoy seguro que muchos podemos recordar a maestros y rectores que destilaban esa actitud). Más bien, los jóvenes en nuestra sociedad aprenden que no tienen futuro. No hace falta decírselo abiertamente; solo les basta observar a otros trabajadores mayores que ellos. Simplemente observan a personas como ellos que son mayores de 17 o 18 años.

Entre los 6 y los 17 años, la mayoría de los jóvenes trabajadores van a la escuela seis o siete horas diarias; se supone que deben leer libros, esforzarse para sacar buenas notas, estudiar cosas, entregar tareas. De repente cumplen los 18 años y ya nunca vuelven a hacerlo. Primero, deben "solo decir no" (*just say no*) a todo lo que sea divertido. Después, deben solo decir *sí* a todo lo que un patrón les exija.

No hay que subestimar los anhelos morales, la receptividad, la solidaridad humana y la sensibilidad de los jóvenes. Tal vez no puedan expresar con palabras lo que perciben. Tal vez no puedan teorizarlo. Pero sí saben mucho de lo que está pasando. ¿Qué tiene que ver la educación que reciben con la raza humana?

Debatir realmente el tema de la educación no es debatir cómo reformar el séptimo grado en Canarsie. *No va a ser reformado* el séptimo grado en Canarsie. Ni tampoco en Louisville. Ni en ninguna parte. Lo garantizo, porque los dueños de los medios de producción en esta sociedad no tienen necesidad —y por tanto, no tienen deseo— de que se eduque a los trabajadores. No es verdad que la clase capitalista necesita que se eduque a los trabajadores; es una mentira. Necesita que seamos obedientes, no que nos eduquen. Necesita que tengamos que trabajar duro para ganarnos el pan, no que seamos críticos. Necesita que consumamos todo lo que ganamos cada semana comprando sus productos. Ante todo necesita que, con el tiempo, perdamos todo deseo de ampliar nuestra visión y convertirnos en ciudadanos del mundo.

Estas realidades de lo que llaman educación pública para la clase trabajadora tienen su complemento para las clases altas: las escuelas privadas exclusivas y las escuelas "públicas" élite. Mucho antes de que Charles Murray y Richard Herrnstein escribieran *The Bell Curve* (La curva de campana) —incluso, siglos antes— esas escuelas inculcaban la creencia de que es mejor para los trabajadores si interiorizamos valores, cuando aún somos jóvenes, para que aceptemos nuestra posición social y "solo digamos sí" a nuestros "superiores".

Pero la clase patronal no necesita que seamos disciplinados. Obediencia en el trabajo, sí; disciplina en la vida, no. Incluso, la indisciplina en la vida nos deja más en sus garras. Eso es lo que los patrones quieren de la clase trabajadora.

La mayoría de ustedes en el público esta tarde son trabajadores. ¿Acaso necesitan saber leer y escribir para hacer su trabajo? No que sean inteligentes, sino que sepan leer y escribir. Piénsenlo. ¿Hay que saber leer y escribir para trabajar en el ferrocarril? ¿En una fábrica automotriz? ¿Hay que saber leer y escribir para ser obrero en una refinería de petróleo? No lo creo; todo está señalado con códigos de colores o numéricos. No hace falta saber leer y escribir. Ya no digamos ser *instruidos*. Ya no digamos tener orgullo propio, respeto a sí mismo e iniciativa. Ya no digamos trabajar junto con otros seres humanos para hacer las cosas colectivamente, y disfrutarlo. Ese tipo de educación sería peligroso para los gobernantes. ¿Se imaginan a personas *así* —de 15, 16, 17, 18 años de edad— que vayan incorporándose a la fuerza laboral? Ellos asumirían no solo la solidaridad sindical sino el materialismo histórico y su carácter revelador y liberador con la naturalidad de un pez en el agua.

Solo al ver la educación de esta manera podemos comprender la profundidad de la crisis. En el sistema escolar del capitalismo en este país, no hay educación relevante, *y no la habrá*. Habrá un poco de lectura, escritura y aritmética elementales. A ciertas personas se las orientará hacia especializaciones técnicas y con el tiempo algunos se verán incorporados a los niveles inferiores de las capas sociales más prósperas, para demostrar a los demás trabajadores que no "merecemos" ser recompensados.

A un número reducido de jóvenes —en su mayoría de origen económicamente privilegiado, más un puñado de individuos afortunados de la clase trabajadora— se les dará la oportunidad de encontrar la vía a un trabajo más creativo. Pero es un grupo muy reducido, al que a todos les encantaría pertenecer.

Piensen seriamente como trabajadores. ¿Cuántos de sus compañeros de trabajo son analfabetos funcionales? ¿Cuántos no lo eran cuando empezaron a trabajar pero llegaron a serlo, después de 10 ó 20 años de trabajo, porque ya no había motivo para que leyeran? Mi padre, un trabajador toda su vida, y un hombre capaz, a medida que envejeció se volvió analfabeto *funcional*. Acaso la vida que vive el pueblo trabajador —la vida de los que crean toda la riqueza, cuyo trabajo e imaginación hacen posible todo lo que existe y sin los cuales el mundo simplemente se detendría mañana— ¿acaso su vida y su trabajo los estimula a aprender más cada año? ¿Acaso se organiza su tiempo de esparcimiento —el tiempo por el cual los trabajadores en la sociedad capitalista han luchado y que han conquistado como clase— de manera que se vean motivados a aprender?

¿Qué necesitan saber los trabajadores para lo que hacen en el trabajo? No importa lo que sepan, ¿verdad? En cambio, en una sociedad que realmente valga algo, sí importaría. Habría una educación *continua*. Habría un vínculo permanente entre el trabajo y la educación, entre el trabajo y la creatividad, entre el trabajo y las obras de arte. El trabajo no se organizaría en torno a la competencia para vender al mejor postor la fuerza de trabajo de nuestros músculos y cerebros durante ocho horas diarias. Y la recompensa más grande por el trabajo sería una mayor solidaridad humana, el placer y el regocijo que son fruto de lo que hemos logrado juntos.

Por eso la clase trabajadora tiene un interés tan grande en deshacerse de la noción de que la educación es una cuestión limitada a los niños en vez de ser una cuestión *social*. Esa noción es una manera pequeñoburguesa y sentimental de encubrir la verdadera crisis de la educación. No habrá una educación verdadera, incluso y sobre todo para los niños, en una sociedad donde los trabajadores que supuestamente están siendo educados saben que llegará el día cuando su educación simplemente se terminará. En esas condiciones, la mayoría de los jóvenes siguen con el trajín hasta que llega ese día —ya sea a los 16, 17, 18 ó 21 años— con o sin diploma de secundaria. Y entonces su "educación" se acaba.

El trabajo debe convertirse en una actividad mediante la cual se pueda cumplir el deseo de una persona de ir ampliando continuamente su visión, el deseo de *educarnos*. Los profesores y algunos otros profesionales gozan de algo llamado un "sabático". Es una práctica muy buena, aun si a menudo no se aprovecha muy bien (esa es otra historia que no es nuestro tema). Cada siete años se toman un período de descanso, a veces medio año con sueldo completo, a veces un año a medio sueldo. Viajan a algún sitio y estudian algo nuevo, amplían sus experiencias, mejoran sus conocimientos, conocen a personas en otros países. Esa es la idea. Ir a Italia, a Japón, a México. Ir a Asia, a Nigeria, a Sudáfrica. Es un concepto maravilloso. Los trabajadores deberían tener la misma oportunidad. Todo trabajador debería tener un "sabático" cada tres años: gozar de medio año con sueldo para viajar a otro país o a otra parte de este país, para estudiar algo, para seguir aprendiendo otro idioma, para enriquecer nuestra solidaridad. Esto podría ser una perspectiva de toda la vida.

El trabajo debe ser como Che Guevara lo describió en sus discursos y escritos durante los primeros años de la Revolución Cubana, y lo que Fidel Castro y Che ayudaron a *movilizar* y *dirigir* como organizadores revolucionarios de ese gobierno obrero y partido comunista. Las fábricas y otros centros de trabajo deben ser sindicalizados para promover la recapacitación continua y la educación constante. Para lograrlo, "el trabajo debe adquirir una condición nueva", escribió Che en 1965 en *El socialismo y el hombre en Cuba*.

Al emprender ese camino, dijo Che, un trabajador "empieza a verse retratado en su obra y a comprender su magnitud humana a través del objeto creado, del trabajo realizado. Esto ya no entraña dejar una parte de su ser en forma de fuerza de trabajo vendida, que no le pertenece más…

"Hacemos todo lo posible por darle al trabajo esta nueva categoría de deber social —escribió Che— y unirlo al desarrollo de la técnica, por un lado, lo que dará condiciones para una mayor libertad, y al trabajo voluntario por otro, basados en la apreciación marxista de que el hombre realmente alcanza su plena condición humana cuando produce sin la compulsión de la necesidad física de venderse como mercancía".[3]

Cuando llegue ese día, entonces habrá algo que en verdad se podrá llamar educación. Cuando llegue ese día, habrá vínculos entre los más jóvenes, los adolescentes, los adultos y los ancianos: y serán vínculos *humanos*, vínculos *prácticos*, vínculos *revolucionarios*.

**No hay mejor razón
para hacer una revolución socialista**
Hoy día en Estados Unidos, en el capitalismo, el único futuro que podemos anticipar con certeza es un futuro en que la educación va a empeorar: en que la educación fomentará la diferenciación social en vez de retrasarla. Solo habrá "educación" para aplastar la curiosidad y la creatividad de la gran mayoría de los jóvenes, y para fomentar el escapismo. Solo habrá "educación" como forma de regimentación. Solo habrá "educación" como preparación para justificar —o sim-

---

3. Ernesto Che Guevara, *El socialismo y el hombre en Cuba* (Pathfinder: 1992), p. 69 [impresión de 2017].

plemente resentir— la polarización de clases.

No estoy diciendo que todas las personas que trabajan en la educación se proponen que esto suceda. En esta sociedad hay seres humanos que no son comunistas y no son trabajadores pero que genuinamente, a su manera, quisieran que los niños y otras personas obtuvieran una mejor educación y adquirieran más confianza. Yo he tenido algunos maestros así, y muchos de ustedes también. Pero esos individuos no son la norma, y ellos no pueden cambiar y no van a cambiar el carácter de la educación en la sociedad burguesa.

Bajo el capitalismo la gente se ve reducida a vivir con la esperanza de que las cosas van a ser diferentes para *su* hijo. Que *su* niño *de alguna manera* recibirá una educación decente, *de alguna manera* irá a la universidad, *de alguna manera* no verá aplastado su deseo de aprender. Que *su* niño *de alguna manera* sabrá competir con todos los demás y tendrá una vida mejor.

Es lo que hacen los presidentes de Estados Unidos, ¿no es cierto? Bill Clinton fue un buen ejemplo. Clinton se pasó nueve meses haciendo campaña sobre la importancia de la educación pública: y toda la clase trabajadora sabía lo que los Clinton iban a hacer cuando tuvieran que escoger una escuela para su hija, Chelsea. La mandaron a una carísima y exclusiva escuela privada en Washington. [Los Obama hicieron lo mismo.]

Los trabajadores con conciencia de clase no guardan resentimiento alguno hacia los Clinton por esas decisiones. Envidiar a las clases acaudaladas y a sus voceros no es una característica revolucionaria o proletaria; no lo fomentan los comunistas, sino los anarquistas y los fascistas. Pero al ver a la familia del presidente escoger una escuela para sus hijas, los trabajadores conscientes reconocen una confirmación más de dos realidades fundamentales de las relaciones de clases en el capitalismo. Primero, que no hay relación entre los valores y la política pública que hipócritamente promueven las capas dominantes y la vida que llevan ellos y sus familias. Segundo, que en la sociedad capitalista no hay tal cosa como "educación" sin clases sociales: las escuelas para la clase trabajadora y las escuelas para la clase gobernante son instituciones cualitativamente diferentes.

Si la educación no se aborda así, los revolucionarios jamás podrán ser convincentes. Si comenzamos por donde comienzan los reformistas y los liberales de todo el mundo capitalista —con *mis* hijos, *mi* barrio, *mis* escuelas, *mis* problemas— entonces no avanzamos para nada. Y cuando los reformistas empiezan a parlotear de que necesitamos defender a *todos* los niños, ¡ojo con nuestras carteras y relojes! Ellos son como los llamados defensores del derecho a la vida (*right-to-lifers*), que defienden a los niños de manera abstracta antes de que nazcan pero se oponen a cualquier cosa que mejore una vida realmente humana para la mayoría de los niños desde que nacen hasta el día que mueren.

En el capitalismo no hay *educación universal;* no existe la educación "para todos". Solo existe la "educación" para la clase trabajadora y un tipo completamente distinto de "educación" para la pequeña minoría acaudalada.

Si no explicamos la educación en el capitalismo como una cuestión de clase (es decir, desde la óptica de la burguesía, dos cuestiones completamente distintas, sin relación entre sí, para dos clases diferentes); si no presentamos la educación que se imparte a los trabajadores como la destrucción social de la solidaridad humana, como la organización de una sociedad basada en la diferenciación de clases, donde los seres humanos en los últimos años de su adolescencia se convierten en unidades de producción, según la mentalidad de los jefes de personal y los planificadores sociales; si no enfocamos el tema fundamental del aprendizaje verdaderamente universal y de por vida: si no podemos explicar la educación así, no podremos explicarla para nada.

Sin embargo, si se entiende y se explica correctamente, no hay cuestión más importante para los comunistas. El aprendizaje como experiencia de por vida: no se me ocurre mejor razón para hacer una revolución socialista. ¿Qué mejor razón para librarnos del estado capitalista y utilizar el estado obrero para empezar a transformar a la humanidad, para empezar a forjar la solidaridad humana? Y tenemos el ejemplo vivo de la Revolución Cubana para demostrar cómo es posible emprender ese camino.

Este enfoque sobre la educación es lo que tenemos que explicar a los estudiantes, a los jóvenes y a los demás. Si fueron a la escuela para mejorar sus posibilidades en la vida, fue un malentendido… a menos que tengan un origen de clase que ya les daba ventajas y fueron a una escuela que les enseñó que lo merecen. Pero a los jóvenes se les puede convencer de esta perspectiva obrera, sobre todo si van participando en algunas contiendas políticas, y si la sociedad no los ha endurecido completamente. Los jóvenes quieren que los hechos correspondan a las palabras. Ellos todavía tienen vitalidad: no se la han destruido. Pueden ser atraídos políticamente hacia la clase trabajadora y hacia la política comunista, pero solo si debatimos con ellos de esta manera.

"El aprendizaje como experiencia de por vida: ¿qué mejor razón para hacer una revolución socialista?... Explicar eso es parte del proceso de preparar a la clase trabajadora para la batalla para deshacernos de la imagen propia que nos inculcan los gobernantes, y reconocer que somos capaces de tomar el poder y reorganizar la sociedad".

DAN FEIN/MILITANTE

JANICE LYNN/MILITANTE

Arriba: Alyson Kennedy (izquierda), candidata del Partido Socialista de los Trabajadores para presidente de Estados Unidos en 2016, hace campaña en Elmhurst, Illinois.
Abajo: Sam Manuel, candidato del PST para el Senado, se suma a luchadores contra brutalidad policial en Smyrna, Georgia, marzo de 2016.

Los movimientos derechistas, como dije antes, siempre tratan de explotar las decepciones y los resentimientos de los jóvenes de las clases medias bajas o de los sectores de la clase trabajadora que están en mejores condiciones económicas. Es una de las maneras en que se desarrollan los movimientos fascistas. "Tanto que trabajaste por tu educación", dicen. "Pronto vas a estar criando a tus hijos. Y ahora *tú* vas a tener que pagar más impuestos por *ellos,* por *sus* hijos y *sus* ancianos". Y la lista de "ellos" va creciendo.

Explicar la visión comunista del aprendizaje es parte del proceso de preparar a la clase trabajadora para la mayor de todas las batallas en los años que vienen: la batalla para deshacernos de la imagen propia que nos inculcan los gobernantes, y para reconocer que somos capaces de tomar el poder y organizar la sociedad, a medida que nos educamos colectivamente y al hacerlo les damos una lección a los explotadores.

ÍNDICE

Aborto, derecho al, 18
Acción afirmativa
   como concesión tras rebeliones de década de 1960, 72
   su deformación con descenso de lucha de clases, 71–76
   y Facultad de Derecho de Universidad de Michigan, 76
   necesaria para unir a clase obrera, 72–77
   Ver también Cuotas en contratación, ascensos e ingreso a universidades
Afganistán, 13
Alemania, nazismo en, 43
Anarquistas, 43
   y envidia de clases propietarias, 111
Antisemitismo, 33
Aprendizaje, 100–102, 106-7
Asistencia social (*welfare*), cortes drásticos a, 39, 80–82
Asistencia Temporal para Familias Necesitadas (TANF), 82
Ataques con drones, 63
Autodeterminación, Lenin sobre, 78
Ayuda a Familias con Hijos Dependientes (AFDC), 39, 80–82

Barnes, Jack, 7–8, 11
Bell Curve: Intelligence and Class Structure in American Life, The. Ver *Curva de campana, La*
bin Laden, Osama, 64
Bishop, Maurice, 45

Bolsa de valores, caída de (1987), 11
Buchanan, Patrick, 31–32, 43
Buckley, William, 28
Burnham, James, 27–28
Burocratización del mundo, La, Rizzi, 27
Bush, George H.W., 13, 31
Bush, George W., 13

Campañas electorales en EE.UU., 9–11 (2016), 53–56, 69–70, 111 (2008 y 2012)
Cannon, James, 45
Capital, El (Marx) 99
Capitalismo, 29–32
   su desorden desde 1974–75, 11–14
   deterioro de condiciones de trabajadores desde década de 1960, 12, 82–84
   discriminación racial y, 76
   incapacidad de resolver crisis, 39
   "recuperación económica" (2009), 12
Castro, Fidel, 45, 109
Caucus Congresional Negro
   y Barack Obama, 55
   y Hillary Clinton, 50
   y William Clinton, 49–50, 55
Clase capitalista
   temor a resistencia obrera, 10–12, 32–33, 39–41
Clase media, 99–101
   la derecha y, 32
   y fascismo, 32–33, 115

Clase trabajadora en Estados Unidos, 107–8
ataques de capitalistas contra, 39–41, 102
clase dominante temerosa de, 32–34
creciente confianza entre, 17–18
y crisis de deudas, 82–88
deterioro de sus condiciones desde años 60, 82–84
encadenada a deudas, 82–87
no existe "clase trabajadora blanca", 14
Clinton, Bill, 13, 31, 62, 111
y Caucus Congresional Negro, 49–50, 55
eliminación de "asistencia social según la conocemos", 80–82
eliminación de cuotas de acción afirmativa, 73
sobre la asistencia social, 39
Clinton, Hillary, 11, 50, 58, 63, 82, 111
Cociente intelectual, aumento mundial de niveles del, 36
Corte Suprema de Estados Unidos, y la acción afirmativa, 73–76
Crisis de deudas
y naciones oprimidas, 84
y pueblo trabajador en EE.UU., 83–84, 85(gráfica), 86–87
Crisis económica de 2007–08, 51, 57, 87
Cultura, trabajo y, 45
Cuotas en contratación, ascensos e ingreso a universidades, decisiones judiciales adversas, 73–76
esencial para promover unidad obrera, 72, 76–77
Curva de campana: Inteligencia y estructura de clases en la vida americana, La (Herrnstein y Murray), 23–45, 66–69, 106
y la "élite cognitiva", 24–25, 28–29, 31, 33, 71

"¿inteligentes porque son ricos?", 14–15

Desempleo, 12, 81–83
Dictadura del capital, 61
Dobbs, Farrell, 45

Educación 97–115
como "licencia" para ingresos más altos, 100
Ellis, Havelock, 43
En defensa del marxismo (Trotsky), 28
Engels, Federico, 44
sobre ideas de la clase dominante como "ideas dominantes", 62–63
sobre propiedad de la vivienda, 88
sobre salarios, 99
Era de las turbulencias: Aventuras en un nuevo mundo, La (Greenspan), 87–88
Eugenesia, 41–44

Fascismo,
clase media y, 32, 115
y envidia a clases acaudaladas, 111
Financial Times (Londres), 33–35
Fuerzas derechistas
y clase media, 32
y política del resentimiento, 111, 115

Greenspan, Alan, 87
Guerra del Golfo (1991), 13
Guerras, *Ver* Imperialismo norteamericano
Guevara, Ernesto Che
sobre el trabajo, 109–10
sobre transformación del ser humano, 45

Harsanyi, David (*Washington Post*), 15

Herrnstein, Richard J., 23-24, 30, 36, 66, 106
Ver también Curva de campana, La

Imperialismo norteamericano, escandaloso abandono de veteranos por el, 13
guerras incesantes del, 13
muertes y victimas del, 13
Ingreso Suplementario de Seguridad (SSI), 90
Inmigrantes y lucha contra deportaciones, 18
Interés, tasas de, 12-13
Internacionalismo proletario, 78
Irán, "acuerdo nuclear", 64
Iraq, 13

Jóvenes, 97-98, 103-15
Judíos, odio contra, 33

Kessler, Andy (*Wall Street Journal*), 15-16
Keynes, John Maynard, 43
Knight, Bobby, 14
Kropotkin, Piotr, 43

Lane, Charles (*Washington Post*), 10
Lenin, V.I., 45
sobre lucha contra opresión nacional, 78
Libia, 13, 63
Losing Ground: American Social Policy, 1950-1980 (Perdiendo terreno: política social americana, 1950-1980, Murray), 36

Malcolm X, 19, 45
Managerial Revolution, The (La revolución gerencial, Burnham), 27
Manifiesto Comunista, El (Marx y Engels), 44
Marx, Carlos
y "acumulación primitiva del capital", 44
sobre ideas de clase dominante como "ideas dominantes", 62
sobre salario y fuerza de trabajo, 98-99, 102
Medicare y Medicaid, 90
Meeks, Gregory, 50
"Meritocracia", 15-17
su actitud hacia trabajadores, 65-66
asciende a millones, 29, 59
y "ateísmo", 65
burocracia sindical no es parte de, 59
como capa social parásita, 58-61, 100-101
carente de política de clase propia, 61
centrada en fundaciones y universidades, 55, 58-59
y "clase baja", 30-31
como "ciega a los colores", 72
considera altos ingresos como recompensa por su "inteligencia" y "servicio", 57
desvinculada de producción y del comercio capitalista, 55, 58-61
hipocresía social de, 62-63
se identifica con homólogos privilegiados en el mundo, 64-65
de mentalidad burguesa pero no parte de la burguesía, 56-58
Obama surge de, 62-66
y el "patriotismo", 63
¿son ricos porque son inteligentes?, 15-16
Ver también Curva de campana, La
Movimiento "por el derecho a la vida", 112
Movimiento sindical, y

colaboracionismo de clases, 35
Moynihan, Daniel Patrick, 81
Muertes en guerras estadounidenses, 13
Murray, Charles, 23–24, 29–30, 36–39, 66, 106
  Ver también Curva de campana, La

NAACP, 79
Nacimientos fuera del matrimonio, 30
National Review, 10, 28
Negros en EE.UU.
  actitud de meritocracia hacia, 77–80
  clase media entre, 49–54
  condiciones económicas y sociales, 51, 82–83
  como funcionarios electos, 52
  riqueza media de, 51
  victorias en luchas de, 49, 71–76, 93
New York Times, 33
Novack, George, 45

Obama, Barack
  actitud hacia trabajadores, 10, 70–71, 77–80
  apoyo que recibió en suburbios, 56
  y el Caucus Congresional Negro, 55
  como "ciudadano del mundo", 63
  como comandante en jefe del imperialismo norteamericano, 13, 63–64
  dice que economía norteamericana "está de lo más bien", 82
  discurso en Cairo (2009), 64
  sobre eliminación de asistencia social bajo Clinton, 80–81
  y escuelas privadas, 69
  y "giro hacia el Pacífico", 61–66
  se identifica con "meritocracia", 61–66
  y "reinicio" con Rusia, 64
  sobre Trump, Donald, 9–10
  votos de africano-americanos, para, 53–55
Obama, Michelle, 63
Oficina de Información y Asuntos Reguladores, 16

Pakistán, 13
Partido Americano de los Trabajadores (AWP), 27
Partido Comunista de EE.UU., en década de 1930, 35
Partido Demócrata
  crisis en, 11
  y los *Dixiecrats*, 52
  funcionarios negros en el, 50, 52
Partido Republicano, crisis en, 10–11
Partido Socialista de los Trabajadores, 18–19, 27
Pequeño empujón: El impulso que necesitas para tomar las mejores decisiones en salud, dinero y felicidad, Un (Sunstein), 17
Plusvalía, 100
Poder de rama ejecutiva en EE.UU.
  crecimiento es peligro para clase obrera, 16–17
  órdenes ejecutivas, uso creciente de, 16–17
Policía,
  brutalidad y muertes a mano de, 18
  papel social de, 39
Prisiones, sistema de, 18
Productividad y salarios, 37 (gráfica)
Propiedad de vivienda,
  efecto conservador de tener, 86–88
  y endeudamiento, 85 (gráfica), 86–87

Racismo
no está aumentando entre trabajadores, 14
raíces capitalistas del, 76
socavado por lucha de los negros, 14
Raza, como producto de sociedad dividida en clases, 44
Reagan, Ronald, 36–39
Rebeliones urbanas, 72
Reed, Evelyn, 45
"Regulatorias", proliferación de agencias, 16–17, 57, 71
Reich, Robert, 31, 102
Resentimiento, política del, 111, 115
Revolución Cubana, 7, 20, 64, 109, 113
Rizzi, Bruno, 27
Roosevelt, Franklin D., 33, 35
Rosenfeld, David, 23–24
Rosenthal, A.M., 32–35
Rusia, "reinicio" con, 64
Russell, Bertrand, 43

Sabáticos, también para clase obrera, 109
Salario, precio y ganancia (Marx), 102
Salarios, 102
Sanders, Bernie
y fenómeno "Ocupa" con ropajes electorales, 11
trabajadores receptivos a, 13
Sanger, Margaret, 43
Sankara, Thomas, 45
"Seguridad nacional" y aumento de vigilancia policiaca, 17
Seguridad Social, 90–91
Shakespeare, William, 105
Shaw, George Bernard, 43
Sindicatos, cúpula de los, 35, 52, 59

Siria, 13
Socialdemocracia, 35, 43
Socialismo
y transformación del ser humano, 44–45
transición al, 9, 19, 45, 113–15
Socialismo y el hombre nuevo en Cuba, El (Guevara), 45, 109–10
"¿Son ricos porque son inteligentes?", 14–16
Sunstein, Cass, 16–17

Trabajo asalariado y capital (Marx), 102
Trabajo, concepción comunista del, 106–10
Trotsky, León, 28, 45
Trump, Donald, 9–10, 13–14, 71, 73

Veteranos, escandaloso tratamiento de, en Estados Unidos, 13

Wall Street Journal, 15
Warren, Reverendo Rick, 80
Washington Post, 10, 15
Webb, Beatrice y Sidney, 43
Weber, caso, 72–76
Weber Case: New Threat to Affirmative Action (El caso Weber: Nueva amenaza a la acción afirmativa, Rose), 74
Wells, H.G., 43
Williamson, Kevin, (*National Review*), 10
Work of Nations, The (El trabajo de las naciones, Reich), 31

Yemen, 13
Yugoslavia, 13

TAMBIÉN DE JACK BARNES

Cuba y la revolución norteamericana que viene

Sobre el ejemplo ofrecido por el pueblo cubano: que una revolución socialista no solo es necesaria sino también es posible. Sobre las luchas del pueblo trabajador en Estados Unidos, donde hoy los gobernantes descartan las capacidades revolucionarias de los trabajadores tan erradamente como descartaron las del pueblo cubano. US$10. También en inglés, francés y persa.

El historial antiobrero de los Clinton
Por qué Washington le teme al pueblo trabajador

Lo que el pueblo trabajador necesita saber sobre el curso, impulsado por el lucro, que han seguido los demócratas y republicanos por igual en los últimos 30 años. Y el despertar político de los trabajadores que buscan entender y resistir los ataques de los gobernantes capitalistas. US$10. También en inglés, francés, persa y griego.

El desorden mundial del capitalismo
Política obrera al milenio

La devastación social y las crisis financieras, el carácter más tosco de la política, la brutalidad policiaca y los actos de agresión imperialista que crecen a nuestro alrededor: todos son productos, no de un mal funcionamiento del capitalismo, sino de su funcionamiento normal y reglamentado. Sin embargo, el futuro puede ser cambiado a través de la lucha unida de trabajadores y agricultores conscientes de su capacidad de transformar el mundo. US$20. También en inglés y francés.

PATHFINDERPRESS.COM

LA REVOLUCIÓN SOCIALISTA CUBANA

¡Nuevo!
La revolución y el camino a la paz en Colombia
El ejemplo de la Revolución Cubana
FIDEL CASTRO

"Ningún crimen puede ser cometido en nombre de la revolución", afirma Fidel Castro, destacando el ejemplo sentado por el pueblo trabajador de Cuba al tomar el poder estatal de manos de los gobernantes capitalistas. En 2008, como parte del esfuerzo por poner fin a seis décadas de conflicto armado en Colombia, él compartió esta experiencia con las Fuerzas Armadas Revolucionarias de Colombia (FARC) y con el mundo. US$10. También en inglés.

Che Guevara sobre economía y política en la transición al socialismo
CARLOS TABLADA

Es esencial que el pueblo trabajador tome el poder estatal, dijo Ernesto Che Guevara. "Después viene la segunda etapa, quizás más difícil que la anterior", la transición hacia el socialismo desde el capitalismo y sus valores despiadados. Nueva edición con selecciones ampliadas de los escritos de Guevara. US$17. También en inglés.

Playa Girón/Bahía de Cochinos
Primera derrota militar de Washington en América
FIDEL CASTRO, JOSÉ RAMÓN FERNÁNDEZ

En abril de 1961 las fuerzas armadas revolucionarias de Cuba derrotaron, en menos de 72 horas, una invasión de 1,500 mercenarios organizada por Washington. El pueblo cubano dio un ejemplo a los trabajadores, agricultores y jóvenes del mundo: de que, dotados de conciencia política, solidaridad de clase, valentía y una dirección revolucionaria, es posible enfrentar a un poder enorme y vencer. US$17. También en inglés.

EL CAMINO A LA EMANCIPACIÓN DE LA MUJER

¡Nueva edición!
Los cosméticos, la moda y la explotación de la mujer
MARY-ALICE WATERS
JOSEPH HANSEN, EVELYN REED

"Las normas de belleza y moda son inseparables de la lucha de clases". Así se titula el primer capítulo de esta nueva y oportuna edición sobre un animado debate en los años 50 en el *Militant*, un semanario socialista. Sobre cómo los monopolios de cosméticos y moda sacan ganancias aprovechando las inseguridades sociales de las mujeres y los adolescentes. Por qué la integración de las mujeres a la fuerza laboral y a los sindicatos es un gran avance en la lucha por su emancipación. Un clásico del marxismo sobre el origen de la opresión de la mujer y el camino a seguir para la clase trabajadora.
US$15. También en inglés, francés, persa y griego.

Las mujeres en Cuba: Haciendo una revolución dentro de la revolución
VILMA ESPÍN, ASELA DE LOS SANTOS
YOLANDA FERRER

La integración de las mujeres a las filas y a la dirección de la Revolución Cubana fue parte inseparable del curso proletario dirigido por Fidel Castro desde el principio. Esta es la historia de esta revolución y cómo transformó a las mujeres y hombres que la hicieron.
US$17. También en inglés, persa y griego.

PATHFINDERPRESS.COM

PROGRAMA Y CONTINUIDAD COMUNISTA

Ya superamos el punto más bajo de la resistencia del pueblo trabajador
El Partido Socialista de los Trabajadores mira hacia adelante

JACK BARNES, MARY-ALICE WATERS STEVE CLARK

El orden global impuesto por Washington tras su victoria en la Segunda Guerra Mundial se está desmoronando. Se acabó el largo repliegue de la clase obrera y los sindicatos. Los patrones y su gobierno aumentan sus ataques a nuestros salarios, condiciones y derechos constitucionales. Las oportunidades para forjar un partido obrero capaz de dirigir una lucha que ponga fin al dominio capitalista están creciendo. US$10. También en inglés, francés y griego.

La última lucha de Lenin
Discursos y escritos, 1922–23

V.I. LENIN

En 1922 y 1923, V.I. Lenin, dirigente central de la primera revolución socialista, libró su última batalla política, la cual se perdió tras su muerte. Era una lucha para decidir si esa revolución y el movimiento comunista internacional mantendrían el curso proletario que había llevado al poder a los trabajadores y campesinos en Rusia en 1917. US$17. También en inglés, persa y griego.

La lucha por un partido proletario
JAMES P. CANNON

"Los trabajadores de Estados Unidos tienen fuerza suficiente para tumbar la estructura del capitalismo aquí en este país y para alzar con ellos al mundo entero cuando se levanten". US$8. También en inglés y persa.

La lucha contra el odio antijudío y los pogromos en la época imperialista

Lo que está en juego para
la clase trabajadora internacional

V.I. LENIN, LEÓN TROTSKY
FARRELL DOBBS, JAMES P. CANNON
JACK BARNES, DAVE PRINCE

El odio antijudío y los pogromos —como el que realizó Hamás el 7 de octubre de 2023— ya son parte de las permanentes convulsiones y guerras de la época imperialista. Los autores explican la necesidad de que la clase trabajadora y las naciones oprimidas del mundo combatan el odio antijudío. Y qué hacer para ponerle fin. US$10. También en inglés, francés y griego.

The Transitional Program for Socialist Revolution
(El programa de transición para la revolución socialista)
LEÓN TROTSKY

El programa del Partido Socialista de los Trabajadores, redactado por el dirigente bolchevique León Trotsky en 1938 sigue guiando al PST y a comunistas por todo el mundo. El partido "combate intransigentemente a todas las agrupaciones políticas que están atadas a las faldas de la burguesía. Su tarea: la abolición del dominio capitalista. Su objetivo: el socialismo. Su método: la revolución proletaria". En inglés y persa. US$17

En defensa del marxismo
Contra la oposición pequeñoburguesa
en el Partido Socialista de los Trabajadores
LEÓN TROTSKY

Una repuesta a aquellos en el movimiento obrero revolucionario a fines de los años 30 que claudicaron ante el patriotismo burgués cuando Washington se aprestaba a ingresar a la Segunda Guerra Mundial. Trotsky explica que solo un partido que luche por integrar a trabajadores a sus filas y dirección puede mantener un rumbo comunista. Trotsky defiende las bases materialistas y dialécticas del marxismo. US$17. También en inglés, francés y persa.

PATHFINDERPRESS.COM

FORJANDO UN PARTIDO REVOLUCIONARIO DE TRABAJADORES

Malcolm X, la liberación de los negros y el camino al poder obrero
JACK BARNES

"El poder estatal conquistado por una vanguardia consciente de la clase trabajadora es el arma más poderosa posible en la lucha contra la opresión de los negros, la subyugación de la mujer, el odio a los judíos y toda forma de degradación humana heredada de la sociedad de clases". US$20. También en inglés, francés, persa, árabe y griego.

El viraje a la industria
Forjando un partido proletario
JACK BARNES

Un libro sobre el programa, la composición y el curso de conducta proletario del único tipo de partido digno del nombre de "revolucionario" en la época imperialista. Un partido que reconozca el hecho más revolucionario de esta época: la capacidad del pueblo trabajador de cambiar la sociedad cuando nos organizamos y actuamos contra la clase capitalista. Trata sobre la construcción de ese partido en Estados Unidos y otros países capitalistas. US$15. También en inglés, francés, persa y griego.

Los tribunos del pueblo y los sindicatos
CARLOS MARX, V.I. LENIN, LEÓN TROTSKY
FARRELL DOBBS, JACK BARNES

Un tribuno del pueblo utiliza cada manifestación de opresión capitalista para explicar por qué los trabajadores, en las batallas de clases, romperán con los partidos patronales, organizarán una lucha revolucionaria por el poder estatal y sentarán las bases para un mundo socialista de solidaridad humana. US$12. También en inglés, francés, persa y griego.

Revolutionary Continuity
Marxist Leadership in the U.S.
(Continuidad revolucionaria: Liderazgo marxista en EEUU)
Los primeros años, 1848–1917
Nacimiento del movimiento comunista, 1918–1922
FARRELL DOBBS

"Generaciones sucesivas de revolucionarios proletarios han participado en los movimientos de la clase trabajadora y sus aliados… Los marxistas de hoy no solo debemos rendirles homenaje por sus acciones. Tenemos el deber de aprender de lo que hicieron mal y lo que hicieron bien para no repetir sus errores". —*Farrell Dobbs*. Dos tomos en inglés, US$17 cada uno.

La historia del trotskismo americano, 1928–38
Informe de un partícipe
JAMES P. CANNON

"El trotskismo no es un nuevo movimiento, una nueva doctrina, sino la restauración, el renacimiento del marxismo genuino tal como se expuso y se practicó en la Revolución Rusa y en los primeros días de la Internacional Comunista", dice Cannon, dirigente fundador del movimiento comunista en EEUU. US$17. También en inglés y francés.

El Manifiesto Comunista
CARLOS MARX Y FEDERICO ENGELS

El comunismo, según explican los dirigentes fundadores del movimiento obrero revolucionario, no es un conjunto de ideas o "principios" preconcebidos sino el camino de la clase obrera hacia el poder, que surge de un "movimiento que se desarrolla ante nuestros ojos". US$5. También en inglés, francés, persa y árabe.

PATHFINDERPRESS.COM

Nueva Internacional
UNA REVISTA DE POLÍTICA Y TEORÍA MARXISTAS

NUEVA INTERNACIONAL N°. 1
Los cañonazos iniciales de la Tercera Guerra Mundial: El ataque de Washington contra Iraq
JACK BARNES

La mortífera agresión contra Iraq en 1990–91 anunció crecientes conflictos entre las potencias imperialistas, una mayor inestabilidad del capitalismo y más guerras. También incluye:

1945: Cuando las tropas norteamericanas dijeron '¡No!'
por Mary-Alice Waters
Lecciones de la guerra Irán-Iraq
por Samad Sharif

US$14. También en inglés, francés y persa.

NUEVA INTERNACIONAL N°. 6
Ha comenzado el invierno largo y caliente del capitalismo
JACK BARNES

Explica que la crisis capitalista global de hoy es la etapa inicial de décadas de convulsiones económicas, financieras y sociales y de batallas de clases. Los trabajadores con conciencia de clase necesitamos trazar un curso revolucionario para afrontar esta coyuntura histórica del imperialismo. US$14. También en inglés, francés, persa, árabe y griego.

NUEVA INTERNACIONAL N°. 4
La marcha del imperialismo hacia el fascismo y la guerra
JACK BARNES

"Habrá nuevos Hitlers, nuevos Mussolinis. Eso es inevitable. Lo que no es inevitable es que triunfen. La vanguardia obrera organizará a nuestra clase para combatir el terrible precio que nos hacen pagar los patrones por la crisis capitalista. El futuro de la humanidad se decidirá en la contienda entre estas dos fuerzas enemigas de clase". US$14. También en inglés, francés, persa y griego.

DEFENSA DE LAS LIBERTADES CONSTITUCIONALES

Bajo la constitución, "el poder de censura está en manos del pueblo frente al gobierno y no del gobierno frente al pueblo".
—James Madison, 1794

50 años de operaciones encubiertas en EE.UU.
La policía política de Washington y la clase obrera norteamericana
LARRY SEIGLE, FARRELL DOBBS
STEVE CLARK

Cómo los trabajadores con conciencia de clase han luchado contra los intentos de expandir el "estado de seguridad nacional" que es esencial para mantener el dominio capitalista. US$10. También en inglés y persa.

FBI on Trial
The Victory in the Socialist Workers Party Suit Against Government Spying
(El juicio contra el FBI: La victoria en la demanda judicial del Partido Socialista de los Trabajadores contra el espionaje del gobierno)
MARGARET JAYKO

Relata la victoria histórica en la lucha por los derechos políticos. Incluye el texto del fallo de 1986 de la corte federal contra el espionaje del gobierno y fragmentos del testimonio de dirigentes del PST Farrell Dobbs y Jack Barnes en el juicio. En inglés. US$17

El socialismo en el banquillo de los acusados
Testimonio en el juicio por sedición en Minneapolis
JAMES P. CANNON

El programa revolucionario de la clase trabajadora, presentado en una corte federal en respuesta a cargos fabricados de "conspiración sediciosa", en vísperas del ingreso de Washington a la Segunda Guerra Mundial. Los acusados eran dirigentes del movimiento obrero en Minneapolis y del Partido Socialista de los Trabajadores. US$15. También en inglés, francés y persa.

PATHFINDERPRESS.COM

AMPLÍE SU BIBLIOTECA REVOLUCIONARIA

El trabajo, la naturaleza y la evolución de la humanidad
La visión larga de la historia
FEDERICO ENGELS, CARLOS MARX
GEORGE NOVACK
MARY-ALICE WATERS

Sin comprender cómo el trabajo social transforma la naturaleza, cómo ha sido la fuerza motriz de la evolución de la humanidad a lo largo de milenios, no podremos ver más allá de la explotación de clase de la época capitalista que deforma cada aspecto de las relaciones, las ideas y los valores humanos. US$12. También en inglés y francés.

La emancipación de la mujer y la lucha africana por la libertad
THOMAS SANKARA

"No existe una verdadera revolución social sin la liberación de la mujer", explica Sankara, dirigente central de la revolución de 1983–87 en Burkina Faso, en África Occidental. US$5. También en inglés, francés y persa.

Puerto Rico: La independencia es una necesidad
RAFAEL CANCEL MIRANDA

Este dirigente independentista puertorriqueño, uno de los cinco encarcelados por Washington por más de 25 años, hasta 1979, habla sobre la realidad brutal del coloniaje norteamericano, el ejemplo de la revolución socialista cubana y la lucha actual por la independencia. US$5. También en inglés y persa.

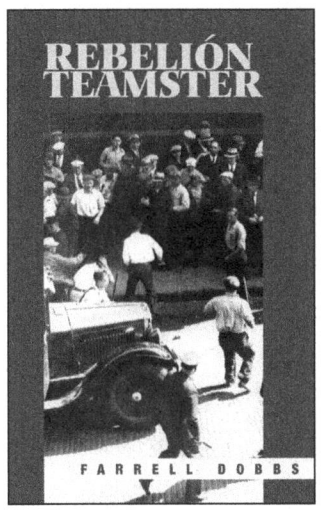

Rebelión Teamster
FARRELL DOBBS

Sobre las huelgas de 1934 que lograron la sindicalización de camioneros y trabajadores de depósitos en Minneapolis y allanaron el camino para el movimiento social obrero que forjó los sindicatos industriales. El primero de cuatro tomos narrados por un dirigente central de estas batallas. US$16. También en inglés, francés, persa y griego.

Malcolm X habla a la juventud

"La joven generación de blancos, negros, morenos y demás: ustedes viven en tiempos de revolución", dijo Malcolm X en diciembre de 1964. "Yo me sumaré a quien sea, no me importa de qué color seas, siempre que quieras cambiar la situación miserable que existe en este mundo". Cuatro charlas y una entrevista que Malcolm dio en los últimos meses de su vida. US$12. También en inglés, francés, persa y griego.

Libros de Pathfinder **en formato e-book** para personas no videntes, de baja visión o con otros retos para leer libros impresos.

Para obtener una lista de estos libros visite:
pathfinderpress.com/
collection/books-for-the-blind.

Para inscribirse, visite bookshare.org.

PATHFINDERPRESS.COM

PATHFINDER POR EL MUNDO

ESTADOS UNIDOS
(y América Latina, el Caribe y el este de Asia)
Pathfinder Books, 306 W. 37th St., 13th Floor
New York, NY 10018

CANADÁ
Pathfinder Books, 7107 St. Denis, Suite 204
Montreal, QC H2S 2S5

REINO UNIDO
(y Europa, África, el Medio Oriente y el sur de Asia)
Pathfinder Books, 5 Norman Rd.
Seven Sisters, London N15 4ND

AUSTRALIA
(y Nueva Zelanda, el sureste de Asia y Oceanía)
Pathfinder Books, Suite 2, First floor, 275 George St.
Liverpool, Sydney, NSW 2170
Dirección Postal: P.O. Box 73, Campsie, NSW 2194

¡AMPLÍE SU BIBLIOTECA!
ÚNASE AL CLUB DE LECTORES DE PATHFINDER

$10 POR AÑO
25% DESCUENTO PARA TODOS LOS TÍTULOS
30% DESCUENTO PARA LOS LIBROS DEL MES
Válido en pathfinderpress.com y los centros locales de libros Pathfinder

Visite: pathfinderpress.com/products/pathfinder-readers-club